受験は三省堂

2021 ケータイ行政書士

学習初日から試験当日まで

植松和宏 著

三省堂

本書において「過去問」として表示した問題は、編集部及び著者の責任において本試験問題を選択肢単位に分解し、○×問題として再構成したものです。

また、問題ごとに表示した出題年度・問題番号は、本書掲載問題のベースとなった本試験問題のものを参考として記したものです。

本試験当日まで、繰り返し、繰り返し！

行政書士は、「街の法律家」として、１万種類もの書類を作成できるといわれています。これだけ幅広い業務に携わるには、幅広い知識が求められそうですね。しかし、活躍している行政書士が、すべての法令を完璧に把握しているわけではありません。実務で求められる能力は、行政法や民法などの基本的知識の延長上にあります。こうした基本的知識が正確に身についていると、初めて見る法令やガイドラインでも理解が早く、応用も利くのです。

同じことは、行政書士試験についてもいえます。近年の行政書士試験は、出題傾向が読みにくいところもありますが、この状況に最も有効な対処方法が、正確な知識の積み重ねだといえるでしょう。合格を勝ち取る秘訣は、必要以上に学習範囲を広げるのではなく、**少量でも確実な基本知識**を身につけていくことです。

では、基本知識を定着させるにするには、どうすればよいでしょうか。それには、**反復学習**が最も効果的です。本書は、左ページで合格に必要不可欠な基礎知識を覚え、右ページで本試験問題から厳選した最新の過去問や予想問を解くことによって、その知識を定着させていく学習ツールです。合格に必要な“ミニマム”を集約した本書を**100%マスター**すれば、あなたは**必ず合格**します。合格通知を手にした自分自身を想像して、自信を持って本試験に臨んでください。

本書の刊行にあたり、企画原案に関与していただきました水田嘉美先生並びに三省堂六法・法律書編集室の加賀谷雅人編集長に多大なご尽力を賜りました。心より御礼を申し上げます。

著者　植松和宏

この本の使い方

この本は、左ページに必須知識のまとめ、右ページには実際に出た過去問題を○×形式にして再現した、見開き完結型の実践テキストです。

頻出テーマを厳選！
合格のポイントは学習範囲を絞り込むこと！

1項目の目標暗記時間を5分に設定。
これ以上時間をかけずに次へ進もう！

必須知識を2～3行の箇条書き方式で！

重要表現は傍点で強調！

最重要タームは暗記シートで消せる！

頭の整理に役立つ小項目主義！

対応する左ページの要点番号を明示

6 行政立法

必ず出る！基礎知識 目標5分で覚えよう

1 法規命令

①国民の権利義務に関係する法規範を法規といい、行政機関が定める法規を法規命令という。
②政令は、内閣が、内閣府令は、内閣総理大臣が、そして、省令は、各省大臣が制定する法規命令である。
③各庁の長や各委員会、そして、人事院などの独立機関も、規則という名の法規命令を制定できる。
④告示にも、法規命令に当たるものがある。
⑤法規命令には、法律の執行に必要な細目を定める執行命令と法律の委任に基づき内容を定める委任命令がある。
⑥建築基準法施行規則は、建築基準法の委任に基づいて定められた省令である。
⑦委任命令には、法律の個別具体的な授権が必要である。
⑧授権の範囲を超えた委任命令は、違法・無効である。
⑨父が認知した婚姻外懐胎児童を支給対象から外した児童扶養手当法施行令は、委任の範囲を逸脱し違法である。
⑩法律の個別具体的な授権があれば、委任命令に罰則を定めることもできる。

2 行政規則

⑪行政規則は、行政組織の内部規範にすぎず、その定立に法律の根拠は必要ない。
⑫通達は、行政規則であり、必要に応じて随時発することができ、官報などによる公示も必要ない。
⑬通達は下級機関や職員を拘束するため、通達に反する行為を行うと、職務上の義務違反となり得る。
⑭裁判所は、通達に拘束されることなく、独自の法令解釈により処分の適法性を判断できる。

• 58 •

基礎知識の暗記なくして、法律の理解はあり得ません。左ページをサッと読んだら、すぐに右ページの○×問題に取り組んでください。この繰り返しがあなたを合格に導きます。

学習日とそのときの正答数、解答時間が４回分書き込める！

目標解答時間は２分！
最初は左ページと見比べるだけでも効果があるよ！

学習日	月　日	月　日	月　日	月　日
正答数	／6	／6	／6	／6
解答時間	分	分	分	分

出た過去問！出る予想問！ 目標2分で答えよう

❑❑❑ 内閣に置かれる内閣府の長である内閣官房長官は、内閣府の命令である内閣府令を発することができる。[H23-9-3] ☞②答×

❑❑❑ 国家行政組織法によれば、各省大臣は、主任の行政事務について、それぞれの機関の命令として規則を発することができる。[H27-24-エ] ☞②答×

❑❑❑ 公正取引委員会、公害等調整委員会、中央労働委員会などの委員会は、庁と同様に外局の一種とされるが、合議体であるため、独自の規則制定権は与えられていない。[H20-9-エ] ☞③答×

❑❑❑ 政令及び省令には、法律の委任があれば、罰則を設けることができるが、各庁の長や各委員会が発する規則などには、罰則を設けることは認められていない。[H23-9-5] ☞③⑤⑩答×

❑❑❑ 通達は、法律の根拠なく発令・改廃することができるが、それに際しては、官報による公示や関係機関の事務所における備付けその他適当な方法により国民に対して公にしなければならない。[H22-9-1] ☞⑫答×

❑❑❑ 通達によって示された法令解釈の違法性が訴訟において問題となったとき、裁判所は、行政庁の第一次的判断権の尊重の原則により、それが重大明白に誤りでない限り、当該通達で示された法令解釈に拘束される。[H22-9-4] ☞⑭答×

過去問を選択肢単位に分解し、覚えやすい○×問題に！

ベースにした過去問の出題年度と問題番号を明示

×(バツ)の問題には誤りの箇所にアンダーライン！

ケータイ行政書士　2021／目次

第1編　憲　　法

第2編 行 政 法

第3編　民　　法

第4編　商法・会社法

第5編　基礎法学

第1編

憲　法

1 憲法と前文

必ず出る！基礎知識 目標5分で覚えよう

1 憲法の概念

①形式的意味の憲法とは、憲法という名称の成文の法典（憲法典）をいう。法形式に着目した概念である。

②実質的意味の憲法とは、内容に着目し、国家の統治の基本を定めた法をいう。法形式や成文か否かを問わない。

③国家の統治の基本を定めた法は、時代や国家を問わず存在するため、固有の意味の憲法ともいう。

④実質的意味の憲法のうち、立憲主義に基づく憲法を立憲的意味の憲法という。

⑤立憲主義とは、憲法によって国家権力を制限することで、国民の権利自由を保障しようという考え方である。

⑥フランス人権宣言の「権利の保障が確保されず、権力分立が定められていない社会は、憲法を持つものではない」とは、立憲的意味の憲法を指したものである。

2 憲法尊重擁護義務

⑦憲法は、基本的には、国家権力を拘束するものであり、憲法の要請を受ける相手は、権力担当者である。

⑧国民が憲法尊重擁護義務を負うのではない。

3 前文

⑨前文とは、その法の目的や精神を述べるために、法の表題のすぐ後に付される文章のことである。

⑩日本国憲法の前文は、憲法の一部として、法規範性が認められている。

⑪前文は、その抽象性から、解釈指針となるにすぎず、前文を直接の根拠として裁判をすることはできない。

学習日	8月29日	月　日	月　日	月　日
正答数	／4	／4	／4	／4
解答時間	分	分	分	分

出た過去問！出る予想問！　目標2分で答えよう

□□□ 憲法の定義をめぐっては、成文の憲法典という法形式だけでなく、国家統治の基本形態など規定内容に着目する場合があり、後者は実質的意味の憲法と呼ばれる。実質的意味の憲法は、成文の憲法典以外の形式をとって存在することもある。[H29-1-2]

☞①②答○

□□□ フランス人権宣言の「権利の保障が確保されず、権力分立が定められていない社会は、憲法を持つものではない」とは、固有の意味の憲法を指したものである。[予想問]

☞⑥答×

□□□ 憲法は、公権力担当者を拘束する規範であると同時に、主権者が自らを拘束する規範でもある。日本国憲法においても、公務員のみならず国民もまた、憲法を尊重し擁護する義務を負うと明文で規定されている。[H29-1-3]

☞⑦⑧答×

□□□ 憲法には通常前文が付されるが、その内容・性格は憲法によって様々に異なっている。日本国憲法の前文の場合は、政治的宣言にすぎず、法規範性を有しないと一般に解されている。[H29-1-5]

☞⑩答×

2 国民主権と象徴天皇

必ず出る！基礎知識 目標5分で覚えよう

1 国民主権

①主権（国政の最高決定権）は国民にあり、国民が国の政治のあり方を最終的に決定する。

②自国の主権という場合、主権は、国家権力の最高独立性を意味する。

2 天皇の地位・権能

③天皇は象徴であるため、民事裁判権が及ばない。

④皇位は世襲であり、皇室典範の定めに従い継承される。

⑤天皇は国事行為だけを行い、国政に関する権能はない。

⑥天皇の国事行為には、内閣の助言と承認が必要である。

⑦天皇の国事行為について責任を負うのは、内閣である。

⑧天皇は、国事行為を委任できる。

⑨摂政が置かれた場合、摂政は、天皇の名で国事行為を行う。

3 天皇の国事行為

⑩天皇は、国会の指名に基づき内閣総理大臣を任命する。国務大臣については、その任免を認証する。

⑪最高裁判所の長たる裁判官も、内閣の指名に基づき天皇が任命する。

⑫天皇が公布するのは、憲法改正・法律・政令・条約である。予算や省令は含まれない。

⑬国会の召集や衆議院の解散は、天皇が行う。

⑭衆議院議員の総選挙と参議院議員の通常選挙は、天皇が施行を公示する。

⑮天皇は、大赦・復権などの恩赦や、全権委任状・大使等の信任状・批准書などを認証する。

⑯栄典の授与や外国の大使・公使の接受も、天皇が行う。

学習日	8月29日	月　日	月　日	月　日
正答数	／9	／9	／9	／9
解答時間	分	分	分	分

出た過去問！出る予想問！ 目標2分で答えよう

❑❑❑ 憲法上の象徴としての天皇には民事裁判権は及ばないが、私人としての天皇については当然に民事裁判権が及ぶ。[H29-3-4]
☞③ 答✕

❑❑❑ 天皇の国事に関する行為については、内閣の助言と承認を必要とし、天皇は、その行為の責任を負わない。[H11-21-エ]
☞⑥⑦ 答○

❑❑❑ 皇室典範の定めるところにより摂政を置くときは、摂政は、天皇の名でその国事に関する行為を行う。[H10-21-ア]
☞⑨ 答○

❑❑❑ 国会の召集は、内閣が決定し、内閣総理大臣が内閣を代表して行う。[H9-23-2]
☞⑬ 答✕

❑❑❑ 予算の公布は、憲法改正・法律・政令・条約の公布と同様に、憲法上、天皇の国事行為とされている。[H27-7-4]
☞⑫ 答✕

❑❑❑ 天皇は、内閣の助言と承認により、両議院を解散する。[H11-21-イ]
☞⑬ 答✕

❑❑❑ 参議院議員の通常選挙の施行を公示することは、天皇の国事行為である。[H1-27-2]
☞⑭ 答○

❑❑❑ 大赦、特赦、減刑、刑の執行の免除及び復権の決定は、憲法上、天皇の国事行為として認められていない。[H18-4-エ]
☞⑮ 答○

❑❑❑ 栄典の授与を認証することは、天皇の国事行為である。[H1-27-5]
☞⑯ 答✕

3 人権総論

必ず出る！基礎知識　目標5分で覚えよう

1 人権とは何か

①**人権**とは、人間らしく生きるために当然認められるべき権利をいう。
②**自由権**は、国家の介入・干渉を排除する人権である。
③生存権・勤労権などの**社会権**（国家による自由）は、人間らしく生きるため、国家に積極的な配慮を求める。

2 人権の性質

④人権は、人が生まれながらに持つ固有の権利であるから、性質上可能な限り、**外国人**や法人にも保障が及ぶ。
⑤わが国の政治的意思決定またはその実施に影響する活動などを除き、外国人にも**政治活動の自由**の保障が及ぶ。
⑥法人たる会社には、政治行為を行う自由があり、**政治資金の寄付**ができる。しかし、税理士会はできない。
⑦人権規定は、国家権力に対するものであり、**私人相互の関係**を直接規律するものではない。
⑧私人間の行為は、人権規定の趣旨を私法の一般条項に読み込み、**間接的**に規律する。
⑨例えば、**女子の若年定年制**を定めた就業規則は不合理な差別であり、民法90条（公序良俗）により無効である。
⑩国が**私人と対等**な立場で行う行為にも、憲法は適用されないのが原則である。

3 人権の制約

⑪人権には他者の利益を守るための制約が内在しており、人権は、**公共の福祉**による制約を受ける。
⑫思想などの人の**内面**に止まる自由は、制約を受けない。
⑬**奴隷的拘束**は一切禁止。公共の福祉による例外もない。
⑭拷問や**残虐な刑罰**も、例外なく禁止されている。

学習日	8月25日	月　日	月　日	月　日
正答数	／7	／7	／7	／7
解答時間	分	分	分	分

出た過去問！出る予想問！ 目標2分で答えよう

❑❑❑ 国による生活保護の給付は、生存権的基本権の本来的な特徴を備えている。[H27-4-1] ☞③答○

❑❑❑ 勤労条件の法律による保障は、生存権的基本権の本来的な特徴を備えている。[H27-4-3] ☞③答○

❑❑❑ わが国の政治的意思決定またはその実施に影響を及ぼすなど、外国人の地位に照らして認めるのが相当でないと解されるものを除き、外国人にも政治活動の自由の保障が及ぶ。[H29-3-1] ☞⑤答○

❑❑❑ 会社は、自然人と同様、国や政党の特定の政策を支持、推進し、または反対するなどの政治的行為をなす自由を有する。[H29-3-2] ☞⑥答○

❑❑❑ 性別による差別を禁止する憲法14条1項の効力は労働関係に直接及ぶことになるので、男女間で定年に差異を設けることについて経営上の合理性が認められるとしても、女性を不利益に扱うことは許されない。[H25-4-3] ☞⑦答×

❑❑❑ 自衛隊基地建設に関連して、国が私人と対等な立場で締結する私法上の契約は、実質的に公権力の発動と同視できるような特段の事情がない限り、憲法9条の直接適用を受けない。[H25-4-4] ☞⑩答○

❑❑❑ 憲法18条は、「何人も、いかなる奴隷的拘束も受けない」と定めるが、最高裁判例は「公共の福祉」を理由とした例外を許容する立場を明らかにしている。[H22-3-オ] ☞⑬答×

4 法の下の平等

必ず出る！基礎知識 目標5分で覚えよう

1 憲法14条1項の平等

①平等とは、例外を一切許さない絶対的平等ではなく、合理的な差異を許容する相対的平等を意味する。

②法は、その内容自体が平等である必要がある。

③14条に規定されている「人種、社会的身分」などは例示列挙であって、他の差別も原則として許されない。

④人種は、人類学的種類を意味し、国籍は含まれない。

⑤高齢であることは、社会的身分ではない。

2 不合理な差別

⑥普通地方公共団体が、在留外国人の職員に対して合理的な理由に基づき異なる処遇をしても、違憲ではない。

⑦母が外国人で日本人の父が生後認知した非嫡出子（ひちゃくしゅつし）に限り、父母の婚姻を日本国籍取得の要件とすることは、不合理な差別である。

⑧女性にのみ100日を超える再婚禁止期間を設けることは合理性を欠き、憲法に違反する。

⑨非嫡出子の相続分を嫡出子の1/2とするのは違憲である。

3 平等選挙

⑩憲法は、投票の機会と投票の価値の平等を求める。

⑪投票価値の平等は、他の正当な政策的目的・理由との関連において調和的に実現されるべきものである。

⑫選挙権の平等に反する議員定数の格差が、合理的期間内に是正されない場合に初めて違憲となる。

⑬事実上都道府県代表的要素のある参議院議員選挙では、人口比例主義を基本とする制度と比べ、投票価値の平等の要請は譲歩・後退を免れない。

学習日	8月29日	月　日	月　日	月　日
正答数	／5	／5	／5	／5
解答時間	分	分	分	分

出た過去問！出る予想問！ 目標2分で答えよう

❑❑❑ 普通地方公共団体は、条例等の定めるところにより、その職員に在留外国人を採用することが認められているが、その処遇について合理的な理由に基づいて、日本国民と異なる扱いをすることは許される。[H19-6-3]

☞⑥ 答○

❑❑❑ 厳密に父性の推定が重複することを回避するための期間（100日）を超えて女性の再婚を禁止する民法の規定は、婚姻および家族に関する事項について国会に認められる合理的な立法裁量の範囲を超え、憲法に違反するに至った。[R1-4-4] ☞⑧ 答○

❑❑❑ 選挙人資格における差別の禁止だけでなく、投票価値の平等も憲法上の要請である。[H16-3-2]

☞⑩ 答○

❑❑❑ 衆議院議員選挙については、的確に民意を反映する要請が強く働くので、議員1人当たりの人口が平等に保たれることが重視されるべきであり、国会がそれ以外の要素を考慮することは許されない。
[H26-5-3]

☞⑪ 答×

❑❑❑ 投票価値の不平等が、国会の合理的裁量の範囲を超えると判断される場合には、選挙は違憲・違法となるが、不均衡の是正のために国会に認められる合理的是正期間を経過していなければ、事情判決の法理により選挙を有効とすることも許される。
[H26-5-2]

☞⑫ 答×

5 幸福追求権

必ず出る！基礎知識 目標5分で覚えよう

1 幸福追求権

①憲法13条の幸福追求権は一般的・包括的な権利であり、同条は新しく生まれた人権を保障する機能がある。

②新たに保障されるのは、人格的生存に不可欠な利益を内容とする権利に限るという人格的利益説が有力である。

③憲法13条によって、一定の私的事項について自ら決定する権利（自己決定権）も保障される。

2 プライバシーの権利

④プライバシーの権利について、自己に関する情報をコントロールする権利とする説が有力である。

⑤何人（なんぴと）にも、みだりに容貌等を撮影されない自由がある。

⑥現行犯で緊急の必要性があり、相当な方法での撮影であれば、犯人以外の第三者の容貌が含まれても許される。

⑦何人にも、個人に関する情報をみだりに開示・公表されない自由がある。

⑧前科をみだりに公表されない利益は法的保護に値する。

⑨市町村長が漫然と弁護士会の照会に応じて前科を報告することは、違法な公権力の行使に当たる。

⑩歴史的または社会的意義が認められる場合など、前科に関する事実の公表が許される場合もある。

⑪氏名・生年月日・性別・住所は、個人の内面に関わるような秘匿性の高い情報とはいえない。

⑫何人にも、みだりに指紋の押捺を強制されない自由があり、この保障は、在留外国人にも等しく及ぶ。

学習日	月　日	月　日	月　日	月　日
正答数	／5	／5	／5	／5
解答時間	分	分	分	分

出た過去問！出る予想問！ 目標2分で答えよう

❑❑❑ 幸福追求権について、学説は憲法に列挙されていない新しい人権の根拠となる一般的かつ包括的な権利であると解するが、判例は立法による具体化を必要とするプログラム規定だという立場をとる。
[H26-3-1]
☞①答×

❑❑❑ 何人も、その承諾なしにみだりに容貌等を撮影されないという自由を有するので、犯罪捜査のための警察官による写真撮影は、犯人以外の第三者の容貌が含まれない限度で許される。[H23-3-1]
☞⑥答×

❑❑❑ 前科は、個人の名誉や信用に直接関わる事項であるから、事件それ自体を公表することに歴史的または社会的な意義が認められるような場合であっても、事件当事者の実名を明らかにすることは許されない。[H23-3-2]
☞⑩答×

❑❑❑ 氏名・生年月日・性別・住所という４情報は、人が社会生活を営む上で一定の範囲の他者には当然開示されることが予定されている個人識別情報であり、個人の内面に関わるような秘匿性の高い情報とはいえない。[H28-4-3]
☞⑪答○

❑❑❑ 国家機関が国民に対して正当な理由なく指紋の押捺を強制することは、憲法 13 条の趣旨に反するが、この自由の保障はわが国に在留する外国人にまで及ぶものではない。[H27-3-1]
☞⑫答×

6 思想・信教の自由

必ず出る！基礎知識 目標5分で覚えよう

1 思想及び良心の自由

①思想の強要・禁止や思想による差別は許されない。
②事態の真相を告白し陳謝の意を表明する程度の謝罪広告の強制は、思想について沈黙する自由を侵害しない。
③企業が思想を理由に雇入れを拒んでも、違法ではない。
④君が代伴奏の職務命令は、憲法に違反しない。

2 信教の自由

⑤内心に止まる信仰の自由は、制約を受けない。
⑥宗教的行為であっても、他人の生命身体等に危害を及ぼすことは許されない。
⑦他者の宗教上の行為によって、宗教上の感情が害されたとしても、直ちに法的救済を求めることはできない。

3 政教分離原則

⑧政教分離原則が禁じるのは、行為の目的と効果に鑑み、相当とされる限度を超えた国家と宗教の関わりである。
⑨国に禁じる宗教的活動とは、目的が宗教的意義をもち、効果が宗教に対する援助、促進、圧迫等になる行為。
⑩玉串料の奉納は、憲法が禁止する宗教的活動にあたる。
⑪神式の地鎮祭は、目的は世俗的で、神道の援助などの効果もないから、禁止された宗教的活動ではない。
⑫市が公有地を宗教団体が建立した神社の敷地として無償で提供し利用させることは、憲法に違反する。
⑬信仰の核心部分と密接に関連する真摯な理由により、剣道の実技を拒否する者には代替措置を講じてよく、これを検討せずに退学処分をすることは違法である。

学習日	月　日	月　日	月　日	月　日
正答数	／5	／5	／5	／5
解答時間	分	分	分	分

出た過去問！出る予想問！ 目標2分で答えよう

□□□ 憲法19条の「思想及び良心の自由」は、国民がいかなる思想を抱いているかについて国家権力が開示を強制することを禁止するものであるため、謝罪広告の強制は、それが事態の真相を告白し陳謝の意を表するに止まる程度であっても許されない。
[H21-5-2] ☞②答×

□□□ 企業者が、労働者の思想信条を理由に雇い入れを拒むことは、思想信条の自由の重要性に鑑み許されないが、いったん雇い入れた後は、思想信条を理由に不利益な取り扱いがなされてもこれを当然に違法とすることはできない。[H25-4-5] ☞③答×

□□□ 憲法の政教分離規定は、国家が宗教とのかかわり合いをもつことを全く許さない趣旨ではない。
[S62-27-4] ☞⑧答○

□□□ 憲法が国およびその機関に対し禁ずる宗教的活動とは、その目的・効果が宗教に対する援助、助長、圧迫、干渉に当たるような行為、あるいは宗教と過度のかかわり合いをもつ行為のいずれかをいう。
[H28-6-1] ☞⑨答×

□□□ 神社が主催する行事に際し、県が公費から比較的低額の玉串料等を奉納することは、慣習化した社会的儀礼であると見ることができるので、当然に憲法に違反するとはいえない。[H28-6-3] ☞⑩答×

7 表現の自由(1)

必ず出る！基礎知識 目標5分で覚えよう

1 表現の自由の価値

①人は、表現活動を通じて自己の人格を形成し発展させる(自己実現の価値)。

②人は、表現活動を通じて政治に参加する。表現の自由は民主主義国家の政治的基盤をなす(自己統治の価値)。

③表現には、営利広告も含まれる。ただし、自己統治の価値がなく、保障の程度は低いとする説が有力である。

2 表現の自由の法規制

④表現の自由も、他者の利益(公共の福祉)を守るために、制約を受ける。

⑤表現の自由の法規制は、必要最小限のものに限定され、制約の合憲性は、厳格な基準によって判断される。

⑥表現の自由の規制が不明確な場合や過度に広汎な場合は、中身を審査するまでもなく、文面上違憲無効となる。

⑦わいせつな表現の禁止は、性的秩序を守り、最小限度の性道徳を維持するためであり、憲法に違反しない。

3 表現の事前抑制と検閲の禁止

⑧表現の事前抑制は、原則として許されない。

⑨検閲は絶対的に禁止され、例外は許されない。

⑩検閲は、行政権が主体となって行うものである。

⑪検閲は、表現物の発表の禁止を目的とするものである。

⑫検閲は、発表前に内容を網羅的一般的に審査し、不適当と認められる表現物の発表を禁止するものである。

⑬税関検査は、検閲に当たらない。

⑭教科書検定は、検閲に当たらない。

⑮裁判所による表現の事前差止めは、検閲に当たらない。

学習日	月　日	月　日	月　日	月　日
正答数	／5	／5	／5	／5
解答時間	分	分	分	分

出た過去問！出る予想問！ 目標 2 分で答えよう

❑❑❑ 憲法21条1項は、「集会、結社及び言論、出版その他一切の表現の自由は、これを保障する」と定めるが、最高裁判例は「公共の福祉」を理由とした制限を許容する立場を明らかにしている。[H22-3-ウ]
☞④答○

❑❑❑ 教科書検定による不合格処分は、発表前の審査によって一般図書としての発行を制限するため、表現の自由の事前抑制に該当するが、思想内容の禁止が目的ではないから、検閲には当たらず、憲法21条2項前段の規定に違反するものではない。[R1-6-2]
☞⑨⑪⑫⑭答×

❑❑❑ メーデー式典に使用する目的で出された、公共の用に供されている広場の利用申請に対して、不許可の処分を行うことは、検閲に当たる。[H15-4-エ]
☞⑪答×

❑❑❑ 税関で、関税法における輸入してはならない貨物の検査の結果、わいせつ表現を含む書物の輸入を禁止することは、検閲に当たる。[H15-4-ア]
☞⑬答×

❑❑❑ 当事者の申請に基づき審理した上で、裁判所が、名誉毀損表現を含む出版物を、仮処分により事前に差し止めることは、検閲に当たる。[H15-4-イ]
☞⑮答×

8 表現の自由(2)

必ず出る！基礎知識　目標5分で覚えよう

1 報道・取材の自由

①国民の知る権利に奉仕する報道の自由は、憲法21条の保障のもとにある。

②知る権利とは、情報を受領し、かつ請求する自由である。表現の自由を受け手の側から再構成したものである。

③取材の自由も、十分尊重に値する。

④公正な裁判の実現や適正迅速な捜査のために、取材の自由がある程度制約を受けてもやむを得ない。

⑤取材源に関する証言拒絶権は保障されていない。

⑥刑事訴訟法の規定を類推適用して、新聞記者に取材源について証言拒絶権を認めることもできない。

⑦民事事件について、新聞記者が取材源の秘匿を理由に証言を拒絶することは、原則として認められる。

⑧国家秘密の漏えいをそそのかしても、真に報道の目的で、手段・方法が相当なら、実質的に違法性を欠く。

2 法廷でメモを取る自由

⑨情報に接し摂取する自由を補助するための筆記行為は、尊重されるべきである。

⑩法廷でメモを取ることは、権利として保障されてはいないが、故なく妨げてはならない。

⑪メモを取る行為が公正かつ円滑な訴訟運営を妨げることは通常なく、特段の事情のない限り、傍聴人の自由に任せるべきである。

学習日	月　日	月　日	月　日	月　日
正答数	／5	／5	／5	／5
解答時間	分	分	分	分

出た過去問！出る予想問！ 目標2分で答えよう

❑❑❑ 報道機関の報道行為は、民主主義社会において、国民が国政に関与するにつき、重要な判断の資料を提供し、国民の「知る権利」に奉仕するものであるから、思想の表明の自由とならんで、事実の報道の自由は、表現の自由を想定した憲法21条の保障のもとにある。[H18-5-4]　☞①答○

❑❑❑ 取材の自由は、表現の自由を規定した憲法21条の保護のもとにある。[H16-5-1]　☞③答×

❑❑❑ 取材の自由は取材源の秘匿を前提として成り立つものであるから、医師その他に刑事訴訟法が保障する証言拒絶の権利は、新聞記者に対しても認められる。[H16-5-4]　☞⑤⑥答×

❑❑❑ 取材の自由の重要性に鑑み、報道機関が取材目的で公務員に秘密漏示をそそのかしても違法とはいえず、贈賄等の手段を用いても、違法性が阻却される。[H16-5-5]　☞⑧答×

❑❑❑ 傍聴人のメモを取る行為が公正かつ円滑な訴訟の運営を妨げるに至ることは通常あり得ないのであって、特段の事情のない限り、これを傍聴人の自由に任せるべきであり、それが憲法21条1項の規定の精神に合致する。[H25-7-5]　☞⑪答○

9 表現の自由(3)

必ず出る！基礎知識 目標5分で覚えよう

1 閲読の自由

①憲法は、新聞紙・図書等の閲読の自由を保障している。
②在監者など刑事施設に収容されている者の閲読の自由に一定の制限を加えても、憲法に違反しない。

2 選挙運動の自由

③表現の自由には、選挙運動の自由も含まれる。
④戸別訪問の禁止は、弊害を防止し、選挙の自由と公正の確保するための合理的で必要やむをえない制約である。

3 ビラ貼り・ビラ配り

⑤ビラ貼り・ビラ配りは、大衆の貴重な表現手段である。
⑥美観風致の維持や他人の財産権・管理権保護のための規制は、必要かつ合理的なもので、憲法に違反しない。

4 公務員の政治的行為

⑦政治的行為の政治的意見の表明としての側面は、表現の自由の保障を受ける。
⑧合理的で必要やむをえない限度であれば、政治的中立性を損うおそれのある公務員の政治的行為を禁止できる。
⑨公務員の政治的行為の処罰は、政治的中立性を損う現実的なおそれが実質的に認められる場合に限る。
⑩公務員が勤務時間外に支持政党のポスターを公営掲示場に貼りに行った行為を処罰しても、憲法に違反しない。

学習日	月　日	月　日	月　日	月　日
正答数	／4	／4	／4	／4
解答時間	分	分	分	分

出た過去問！出る予想問！ 目標2分で答えよう

❑❑❑ 国家権力の統制下にある在監者に対しては、新聞・書籍を閲読する自由は、憲法上保障されるべきではないとするのが、判例である。[H18-6-2] ☞②答×

❑❑❑ 地方公務員の政治的行為を制限する法律は、民主的政治過程を支える政治的表現の自由を侵害するから、違憲である。[H12-4-1] ☞⑧答×

❑❑❑ 公務員は政治的行為を制約されているが、処罰対象となり得る政治的行為は、公務員としての職務遂行の政治的中立性を害するおそれが、実質的に認められるものに限られる。[H29-3-3] ☞⑨答○

❑❑❑ 勤務時間外に公務員が支持政党のポスターを公営掲示場に貼りに行った行為を、公務の政治的中立性を理由に処罰するのは、合憲である。[H14-7- エ] ☞⑩答○

10 学問の自由と教育を受ける権利

必ず出る！基礎知識　目標5分で覚えよう

1 学問の自由

①学問の自由は、学問研究の自由・研究成果発表の自由・教授の自由という3つの自由を内容とする。

②児童生徒には十分な批判能力がないなどの理由から、普通教育での教授の自由は、一定の範囲に限定される。

2 大学の自治

③憲法23条は、大学の自治を制度として保障している。

④大学の自治は、特に人事に関して認められ、施設と学生の管理についても、ある程度認められる。

⑤大学での集会でも、実社会の政治的社会的活動に当たれば、大学の持つ特別な学問の自由と自治を享有しない。

3 教育を受ける権利

⑥教育を受ける権利は、子供の学習権の充足を国に求める権利である（社会権的側面）。

⑦教育を受ける権利は、学習権を妨げる干渉を排除する権利でもある（自由権的側面）。

⑧国にも、必要かつ相当と認められる範囲で教育内容を決定する権能がある。

⑨子供が自由かつ独立の人格として成長することを妨げるような国家的介入は許されない。

⑩全ての子供に同じ教育をしなければならないわけではなく、子供の適性や能力に応じて異なる内容の教育をすることは許される。

⑪「教育」には、社会教育も含まれる。

⑫憲法26条2項が無償とすることを求めているのは、義務教育の授業料である。

学習日	月　日	月　日	月　日	月　日
正答数	／6	／6	／6	／6
解答時間	分	分	分	分

出た過去問！出る予想問！ 目標2分で答えよう

❏❏❏ 判例によれば、普通教育において児童生徒の教育に当たる教師にも教授の自由が一定の範囲で保障されるとしても、完全な教授の自由を認めることは、到底許されない。[H30-4-5] ☞②答○

❏❏❏ 大学の自治は、とくに大学の教授その他の研究者の人事に関して認められ、大学の自主的判断に基づいて教授その他の研究者が選任される。[H21-6-2] ☞④答○

❏❏❏ 判例によれば、学生の集会が、実社会の政治的社会的活動に当たる行為をする場合には、大学の有する特別の学問の自由と自治は享有しない。[H30-4-4] ☞⑤答○

❏❏❏ 憲法が保障する教育を受ける権利の背後には、子どもは、その学習要求を充足するための教育を施すことを、大人一般に対して要求する権利を有する、との観念がある。[H29-3-5] ☞⑥答○

❏❏❏ 国は、国民の付託に基づき公教育を実施する権限を有するものであり、教育内容についても、自由に決定する権能を有する。[H11-22-3] ☞⑧答×

❏❏❏ 憲法が義務教育を定めるのは、親が本来有している子女を教育する責務をまっとうさせる趣旨によるものであるから、義務教育に要する一切の費用を当然に国が負担しなければならないとは言えない。[H20-4-5] ☞⑫答○

11 経済的自由・人身の自由

必ず出る！基礎知識　目標5分で覚えよう

1 職業の自由・財産権

①憲法22条1項は、広く営業の自由を保障している。
②経済活動に対しては、弊害防止のための規制だけでなく、社会経済政策としての規制もできる。
③小売市場の許可制は、中小企業保護のための積極目的規制であり、明白に著しく不合理といえないから、合憲である。
④薬局の適正配置規制は、生命・健康に対する危険防止のための消極目的規制であるが、必要性・合理性がなく、違憲である。
⑤公衆浴場の配置規制は、合憲である。
⑥酒税法による酒類販売業の免許規制は、合憲である。
⑦財産権も社会全体の利益のための政策的規制を受ける。
⑧財産権の規制が是認されるかは、規制の目的、必要性、財産権の性質、制限の程度等を比較考量して決する。

2 居住・移転の自由

⑨広く人の移動の自由が保障され、外国へ一時旅行する自由も保障されている。
⑩外国人が日本に入国する自由や一時的に海外旅行のため出国し再入国する自由は認められていない。

3 人身の自由

⑪憲法31条は、合衆国のデュープロセス条項に由来し、刑事手続及び実体面の法定・適正を求めている。
⑫憲法31条は、罪刑法定主義の根拠とされている。
⑬行政手続にも、憲法31条の保障が及ぶ場合がある。

学習日	月　日	月　日	月　日	月　日
正答数	／6	／6	／6	／6
解答時間	分	分	分	分

出た過去問！出る予想問！ 目標2分で答えよう

❑❑❑ 小売市場の開設経営を都道府県知事の許可にかからしめる法律については、中小企業保護を理由として合憲判決が出ていましたよ。[H21-4-イ] ☞③答○

❑❑❑ 公衆浴場を開業する場合の適正配置規制については、健全で安定した浴場経営による国民の保健福祉の維持を理由として、合憲とされていますね。
[H21-4-エ] ☞⑤答○

❑❑❑ 酒販免許制については、職業活動の内容や態様を規制する点で、許可制よりも厳しい規制であるため、適用違憲の判決が下された例があります。
[H21-4-オ] ☞⑥答×

❑❑❑ わが国に在留する外国人は、憲法上、外国に一時旅行する自由を保障されているものではない。
[H27-3-2] ☞⑩答○

❑❑❑ 憲法31条は、刑事手続については、ただ単にこれを法律で定めればよいと規定しているのではなく、その手続が適正なものであることを要求している。
[H19-7-4] ☞⑪答○

❑❑❑ 憲法31条は、刑事手続を念頭においており、行政手続などの非刑事手続については、その趣旨が適用されることはない。[H19-7-3] ☞⑬答×

12 生存権と労働基本権

必ず出る！基礎知識 目標5分で覚えよう

1 生存権

①生存権とは、「健康で文化的な最低限度の生活を営む権利」のことである。

②生存権を定めた憲法25条1項は、国の責務を宣言したにすぎず、国民に具体的権利を付与したものではない。

③「健康で文化的な最低限度の生活」は、多数の不確定要素を総合考量して決定すべきものである。

④生存権の具体化は立法府の広い裁量に委ねられている。

⑤生存権の具体化立法に司法審査が及ぶのは、著しく合理性を欠き、裁量の逸脱・濫用が明白な場合だけである。

⑥社会保障上の施策において、自国民を在留外国人より優先的に扱うことも許される。

2 労働基本権

⑦勤労者の団結権・団体交渉権・団体行動権（争議権）を保障する憲法28条は、私人間にも直接適用される。

⑧労働基本権は勤労者の経済的地位の向上を目的とする。

⑨団体行動権の中心は、争議行為である。しかし、政治的目的のための争議行為は、憲法28条の保障を受けない。

⑩労働組合が選挙の統一候補擁立後に方針に反して立候補した組合員を処分することは、違法である。

⑪憲法28条の「勤労者」には、公務員も含まれ、公務員にも労働基本権の保障が及ぶ。

⑫労働基本権は、国民全体の共同利益の見地から制約を受ける。

学習日	月　日	月　日	月　日	月　日
正答数	／5	／5	／5	／5
解答時間	分	分	分	分

出た過去問！出る予想問！ 目標2分で答えよう

❑❑❑ 日本国憲法で保障されている健康で文化的な最低限度の生活水準の具体的内容は、文化の発達や国民経済の進展に伴って向上するのはもとより、多数の不確定要素を総合考量して初めて決定できる。[H10-22-4]

☞③答○

❑❑❑ 行政府が、現実の生活条件を無視して著しく低い基準を設定する等、憲法および生活保護法の趣旨・目的に反し、法律によって与えられた裁量権の限界を越えた場合または裁量権を濫用した場合には、違法な行為として司法審査の対象となり得る。[H30-5-2]

☞⑤答○

❑❑❑ 社会保障上の施策において在留外国人をどのように処遇するかについては、国はその政治的判断によって決定することができ、限られた財源の下で福祉的給付を行うに当たって、自国民を在留外国人より優先的に扱うことも許される。[H19-6-4]

☞⑥答○

❑❑❑ 労働基本権は、勤労者の経済的地位の向上のための手段として認められたものであって、それ自体が自己目的ではなく、国民全体の共同利益の見地からの制約を受ける。[H20-4-4]

☞⑧⑫答○

❑❑❑ 公務員の争議行為は禁止されているが、政治的目的のために行われる争議行為は、表現の自由としての側面も有するので、これを規制することは許されない。[H24-7-4]

☞⑨答×

13 代表民主制と参政権

必ず出る！基礎知識 目標5分で覚えよう

1 代表民主制

①日本国憲法は、代表民主制（間接民主制）を原則としている。
②国会議員は、全国民の代表であって、特定の政党や地域の代表ではない。
③命令委任は禁止され、国会議員は、原則として議会において自由かつ独立に行動できる（自由委任の原則）。
④党議拘束は自由委任の原則に反しない。

2 参政権

⑤公務員の選定・罷免は、国民固有の権利であり、究極的に国民の意思に基づく必要がある。
⑥選挙権行使の制限は、それなしでは選挙の公正の確保が事実上不能または著しく困難な場合に限る。
⑦衆議院小選挙区選出議員や参議院選挙区選出議員の選挙について在外国民に投票を認めないことは違憲である。
⑧国政選挙・地方選挙のいずれについても、憲法は、外国人に選挙権を保障していない。
⑨永住者など特に緊密な関係のある外国人に法律で地方公共団体の選挙権を付与することは禁止されていない。
⑩憲法15条は、立候補の自由も保障している。
⑪憲法15条は、公務員の選挙について、成年者による普通選挙を保障している。
⑫普通選挙とは、選挙資格の平等を求め、選挙資格の取得に、財力等による制限を設けない制度である。
⑬憲法15条は、公権力に対してはもちろん、私人間でも誰に投票したかを知られない秘密選挙を保障している。
⑭衆議院の小選挙区選挙と比例代表選挙の重複立候補者を一定の政党等の所属者に限ることは憲法に違反しない。

学習日	月　日	月　日	月　日	月　日
正答数	／5	／5	／5	／5
解答時間	分	分	分	分

出た過去問！出る予想問！ 目標2分で答えよう

❑❑❑ 憲法43条1項は、「両議院は、全国民を代表する選挙された議員でこれを組織する」、と定める。この定式は、近代の国民代表議会の成立に伴い、国民とその代表者との政治的意思の一致を法的に確保する目的で、命令委任の制度とともに導入されたものである。[H23-6-2] ☞③答×

❑❑❑ 公務員を選定し、及びこれを罷免することは、国民固有の権利である。[H12-5-1] ☞⑤答○

❑❑❑ 国民の選挙権の制限は、そのような制限なしには選挙の公正を確保しつつ選挙権の行使を認めることが著しく困難であると認められる場合でない限り、憲法上許されず、これは立法の不作為による場合であっても同様であると解されている。[H23-4-1] ☞⑥答○

❑❑❑ 日本に在留する外国人のうち、永住者等であってその居住する区域の地方公共団体と特に緊密な関係を持っている者に、法律によって地方公共団体の長、その議会の議員等に対する選挙権を付与することは、憲法上禁止されない。[H19-6-2] ☞⑨答○

❑❑❑ 選挙制度を政党本位のものにすることも国会の裁量に含まれるので、衆議院選挙において小選挙区選挙と比例代表選挙に重複立候補できる者を、一定要件を満たした政党等に所属するものに限ることは、憲法に違反しない。[H28-7-2] ☞⑭答○

14 国会（1）

必ず出る！基礎知識 目標5分で覚えよう

1 会期制と参議院の緊急集会

①国会は、国の唯一の立法機関である。ただし、内閣が制定する政令など、例外もある。

②常会は、毎年１回召集される。会期は、150 日間である。

③臨時会召集の決定は内閣がするが、いずれかの議院の総議員の４分の１以上が求めれば、召集の決定を要する。

④特別会は、衆議院の解散・総選挙後にのみ召集される。

⑤臨時会と特別会の会期は、国会の議決で定める。

⑥憲法上、会期不継続や一事不再議の原則の規定はない。

⑦両議院の会期は同一であり、衆議院が解散されると、参議院も、同時に閉会になる（同時活動の原則）。

⑧衆議院の解散後に、緊急の必要が生じた場合、内閣は、参議院の緊急集会を求めることができる。

⑨参議院の緊急集会の措置は、次の国会開会後 10 日以内に衆議院が同意しないと、将来に向かって失効する。

2 議事・表決

⑩各議院の定足数は、各々の総議員の３分の１である。

⑪議事は、原則として出席議員の過半数で決し、可否同数なら、議長が決する。

⑫出席議員の５分の１以上の要求があれば、各議員の表決を会議録に記載しなければならない。

⑬予算・条約・内閣総理大臣の指名について両議院の議決が異なれば、必ず両議院の協議会を開く。そこでも意見が一致しなければ、衆議院の議決が国会の議決となる。

⑭衆議院が可決した法律案について、参議院が異なった議決をしても、衆議院が出席議員の３分の２以上の多数で再可決すれば、法律として成立する。

学習日	月　日	月　日	月　日	月　日
正答数	／7	／7	／7	／7
解答時間	分	分	分	分

● 出た過去問！出る予想問！ 目標 2 分で答えよう ●

❑❑❑ 会期の決定は、議院の権能である。[H25-6-ア]
☞②⑤答×

❑❑❑ いずれかの議員の総議員の５分の１以上の要求があった場合には、内閣は、国会の臨時会の召集を決定しなければならない。[H10-23-4]
☞③答×

❑❑❑ 衆議院が解散されたときは、参議院は、同時に閉会となる。[H15-6-4]
☞⑦答○

❑❑❑ 参議院の緊急集会において採られた措置は、臨時のものであって、次の国会開会の後 10 日以内に、衆議院の同意が得られないときは、それらの措置は決定の時にさかのぼって、その効力を失う。[H7-23-2]
☞⑨答×

❑❑❑ 憲法上明文では、両議院は、各々その総議員の３分の１以上の出席がなければ、議事を開き議決することができないとは規定されていない。[H28-5-4]
☞⑩答×

❑❑❑ 憲法上明文では、出席議員の５分の１以上の要求があれば、各議員の表決は、これを会議録に記載しなければならないとは規定されていない。[H28-5-1]
☞⑫答×

❑❑❑ 参議院が承認した条約を衆議院が承認しない場合、必ずしも両院協議会を開かなくてもよい。[H21-7-5]
☞⑬答×

15 国会（2）

必ず出る！基礎知識　目標5分で覚えよう

1 衆参両議院の権能

①両議院には、議院の自律権として規則制定権があり、その議院の議決だけで規則を制定できる。

②両議院には、院内の秩序を乱した所属議員の懲罰権や所属議員の資格に関する争訟の裁判権もある。

③所属議員の除名や議員の議席を失わせるには、出席議員の３分の２以上の多数による議決が必要である。

④議院の行った懲罰や裁判に不服があっても、裁判所に司法審査を求めることはできない。

⑤両議院には、国政調査権があり、証人の出頭や証言、記録の提出を要求できる。

⑥弾劾裁判所の設置は、国会の権能である。

2 議　員

⑦両議院の議員は、国庫から相当額の歳費を受ける。ただし、減額されないことまでは保障されていない。

⑧両議院の議員は、法律の定める場合を除いて、国会の会期中逮捕されない（不逮捕特権）。

⑨国会の会期中に議員を逮捕できるのは、院外での現行犯の場合と所属議院の許諾がある場合である。

⑩議院の要求があれば、国会の会期前に逮捕された議員を、会期中釈放しなければならない。

⑪両議院の議員は、議院で行った演説、討論または表決について、院外で法的責任を問われない（免責特権）。

⑫憲法で規定する議員特権は、国会議員に対するものであって、地方議会議員には認められない。

学習日	月　日	月　日	月　日	月　日
正答数	／7	／7	／7	／7
解答時間	分	分	分	分

出た過去問！出る予想問！ 目標2分で答えよう

❑❑❑ 衆議院は、実質的にみて、司法権を行使することがある。[H20-5-3] ☞②答○

❑❑❑ 両議院は、各々院内の秩序を乱した議員を懲罰することができるが、議員を除名するには、裁判所の審判が必要である。[H9-23-5] ☞②③答×

❑❑❑ 国政に関する調査は、議院の権能である。[H25-6-オ] ☞⑤答○

❑❑❑ 両議院の議員は、すべて定期に相当額の報酬を受ける。この報酬は、在任中、これを減額することができない。[H24-4-3] ☞⑦答×

❑❑❑ 衆議院及び参議院の議員は、原則として、国会の会期中逮捕されないことになっているが、この特権は、院外における現行犯罪の場合やその院の許諾がある場合は除外されている。[H11-23-1] ☞⑧⑨答○

❑❑❑ 憲法上明文では、両議院の議員は、議院で行った演説、討論または表決について、院外で責任を問われないとは規定されていない。[H28-5-3] ☞⑪答×

❑❑❑ 地方議会の議員は、住民から直接選挙されるので、国会議員と同様に免責特権が認められ、議会で行った演説、討論または表決について議会外で責任を問われない。[R1-3-5] ☞⑫答×

16 内　閣（1）

必ず出る！基礎知識　目標5分で覚えよう

1 内閣の構成

①内閣は、法律の定めるところにより、内閣総理大臣と、その他の国務大臣で組織する。
②内閣総理大臣や国務大臣は、文民でなければならない。
③内閣総理大臣は、国会議員でなければならない。
④内閣総理大臣が国会議員であることは、指名の要件であるとともに、在職の要件でもある。
⑤国務大臣も、過半数は、国会議員でなければならない。
⑥内閣総理大臣も、国会議員の過半数も、国会議員であればよく、衆参いずれの議員でも構わない。

2 内閣の権能

⑦内閣は、法律を誠実に執行する。法律の規定を実施するために、内閣は、政令を制定できる。
⑧政令に罰則を設けるには、法律の委任が必要である。
⑨条約の締結権は内閣にある。ただし、事前、時宜によっては事後に国会の承認を得なければならない。
⑩内閣法により、内閣の職権行使は、閣議による。慣行上、閣議は全員一致とされ、また、非公開とされている。

3 内閣総理大臣の権能

⑪内閣総理大臣は、内閣の首長であり、内閣を代表して、議案を国会に提出する。
⑫国務大臣の任免は、内閣総理大臣の専権であり、閣議決定は不要である。国会の同意を得る必要もない。
⑬内閣総理大臣は、内閣の明示の意思に反しない限り、行政各部に対し一定の方向での事務処理を指示できる。
⑭国務大臣は、その在任中、内閣総理大臣の同意がなければ、訴追されない。

学習日	月　日	月　日	月　日	月　日
正答数	／8	／8	／8	／8
解答時間	分	分	分	分

出た過去問！出る予想問！ 目標2分で答えよう

❑❑❑ 内閣の組織については、憲法が定める基本的な枠組に基づいて、国会が法律で定めるところによる。[H16-7-3] ☞①答○

❑❑❑ 内閣総理大臣は、その他の国務大臣と同様、文民でなければならないが、必ずしも国会議員である必要はない。[H11-24-4] ☞②③答×

❑❑❑ 内閣総理大臣は、衆議院議員の中から、国会の議決で指名する。[H26-6-1] ☞③答×

❑❑❑ 内閣総理大臣は、国会の同意を得て国務大臣を任命するが、その過半数は国会議員でなければならない。[H29-5-1] ☞⑤⑫答×

❑❑❑ 内閣を構成する国務大臣の過半数を参議院議員が占めるとしても、それは憲法上許容されている。[H16-7-2] ☞⑥答○

❑❑❑ 内閣は、事前ないし事後に国会の承認を得ることを条件として、条約を締結する権能をもっている。[H16-7-4] ☞⑨答○

❑❑❑ 憲法は明文で、閣議により内閣が職務を行うべきことを定めているが、閣議の意思決定方法については規定しておらず、慣例により全員一致で閣議決定が行われてきた。[H29-5-2] ☞⑩答×

❑❑❑ 内閣総理大臣は、閣議の決定を経ることなく、任意に国務大臣を罷免することができる。[H16-7-5] ☞⑫答○

17 内　閣（2）

必ず出る！基礎知識　目標5分で覚えよう

1 内閣の責任

①内閣は、行政権の行使について、国会に対し連帯して責任を負う。

②国会は、内閣の連帯責任だけでなく、各大臣の単独責任を追及することもできる。

③内閣が国会に対して負うのは、政治的な責任である。法的責任ではない。

④法律や政令には、執行責任を明らかにするため、主任の国務大臣の署名と、内閣総理大臣の連署が必要である。

2 内閣不信任決議

⑤衆議院が不信任決議案を可決した場合、10日以内に衆議院を解散しない限り、内閣は総辞職する必要がある。

⑥衆議院が信任決議案を否決した場合も、10日以内に衆議院を解散しない限り、内閣は総辞職する必要がある。

⑦参議院が内閣不信任決議案を可決しても、内閣を衆議院の解散か総辞職かの二者択一に追い込む法的効果はない。

3 内閣の総辞職

⑧衆議院議員総選挙の後に初めて国会が召集されたとき、内閣は総辞職しなければならない。

⑨内閣総理大臣が除名などにより国会議員たる地位を失った場合も、内閣は総辞職しなければならない。

⑩国会議員である国務大臣が過半数を割った場合、速やかに過半数を回復する義務を負うが、総辞職の必要はない。

⑪内閣は、総辞職をしても、新たに内閣総理大臣が任命されるまで、引き続き職務を行う。

学習日	月　日	月　日	月　日	月　日
正答数	／8	／8	／8	／8
解答時間	分	分	分	分

出た過去問！出る予想問！ 目標2分で答えよう

❑❑❑ 内閣の存立は衆議院の信任に依存するので、内閣は行政権の行使について、参議院に対しては連帯責任を負わない。[H29-5-5] ☞①答×

❑❑❑ 日本国憲法は内閣の「連帯責任」を強調しており、特定の国務大臣に対して単独の「責任」を負わせることは認めていない。[H24-3-2] ☞②答×

❑❑❑ 大臣に対する弾劾制度を認めない日本国憲法においては、内閣に対して問われる「責任」は、政治責任であって狭義の法的責任ではない。[H24-3-5] ☞③答○

❑❑❑ 法律及び政令には、その執行責任を明確にするため、全て主任の国務大臣が署名し、内閣総理大臣が連署することを必要とする。[H29-5-4] ☞④答○

❑❑❑ 内閣は、衆議院で不信任の決議案が可決されたとき、直ちに総辞職しなければならない。[H26-6-3] ☞⑤答×

❑❑❑ 内閣の「責任」のとり方は任意かつ多様であるべきなので、日本国憲法の下で総辞職が必要的に要求されることはない。[H24-3-4] ☞⑤⑥⑧⑩答×

❑❑❑ 内閣は、総選挙の結果が確定すると同時に、直ちに総辞職しなければならない。[H26-6-4] ☞⑧答×

❑❑❑ 新しい内閣総理大臣が、まだ国務大臣を一人も任命していないうちは、前の内閣が引き続き職務を遂行する。[H16-7-1] ☞⑪答×

18 司 法 権

必ず出る！基礎知識 目標5分で覚えよう

1 司法権の帰属

①司法権は、最高裁判所と下級裁判所に帰属する。
②最高裁判所は、裁判所の内部規律や司法事務処理だけでなく、訴訟手続や弁護士に関しても規則を制定できる。
③家庭裁判所は、憲法が禁じている特別裁判所ではない。
④行政機関は、終審として裁判を行うことができない。

2 司法権の限界

⑤司法審査の対象は、具体的な権利義務をめぐる争いであって、法の適用による終局的解決に適したものである。
⑥宗教上の教義に関する争いは、法の適用による終局的解決に適したものではなく、司法審査は及ばない。
⑦教義が前提問題となる場合も、司法審査は及ばない。
⑧大学や政党の内部的な問題は自律的判断に委ねられる。
⑨大学による単位授与行為（認定）や政党の党員に対する除名処分には、司法審査は及ばない。
⑩地方議会議員に対する出席停止処分には、司法審査は及ばないが、除名処分には、司法審査が及ぶ。
⑪国会の議事手続の有効無効を司法審査すべきではない。
⑫高度に政治性のある国家行為には司法審査は及ばない。
⑬衆議院の解散は、極めて政治性の高い行為であり、有効無効の判断が法律上可能でも、司法審査は及ばない。

3 違憲審査権

⑭憲法81条は抽象的違憲審査権を付与したものではない。
⑮違憲審査権は、司法権の一環として具体的な争訟事件の中でそれに付随して行使すべきである。
⑯条例、裁判、立法不作為も、違憲審査の対象になる。判例は、条約に対する違憲審査の可能性も認めている。

学習日	月　日	月　日	月　日	月　日
正答数	／6	／6	／6	／6
解答時間	分	分	分	分

出た過去問！出る予想問！ 目標2分で答えよう

❏❏❏ 家庭裁判所は、特定の種類の事件のみを管轄する裁判所であり、特別裁判所の１つである。［H2-23-2］

☞③答×

❏❏❏ 具体的な権利義務ないしは法律関係に関する紛争であっても、信仰対象の価値または教義に関する判断が前提問題となる場合には、法令の適用による解決には適さず、裁判所の審査は及ばない。［H27-6-1］

☞⑦答○

❏❏❏ 大学による単位授与行為（認定）は、純然たる大学内部の問題として大学の自律的判断にゆだねられるべきものであり、一般市民法秩序と直接の関係を有すると認めるにたる特段の事情がない限り、裁判所の審査は及ばない。［H27-6-2］

☞⑨答○

❏❏❏ 衆議院の解散は高度の政治性を伴う国家行為であって、その有効無効の判断は法的に不可能であるから、そもそも法律上の争訟の解決という司法権の埒外にあり、裁判所の審査は及ばない。［H27-6-3］

☞⑬答×

❏❏❏ 裁判所が具体的事件を離れて抽象的に法律命令等の合憲性を判断できるという見解には、憲法上及び法令上の根拠がない。［H14-5-1］

☞⑭⑮答○

❏❏❏ 最高裁判所の判例の考え方によれば、違憲審査の対象は国内法に限られるから、条約に対する違憲審査は認められない。［H20-7-4］

☞⑯答×

---

19 裁判官

必ず出る！基礎知識 目標5分で覚えよう

1 最高裁判所の裁判官

①最高裁判所は、長たる裁判官及びその他の裁判官で構成する。その他の裁判官は、内閣が任命する。

②最高裁判所の裁判官は、任命後最初の衆議院総選挙の際に国民審査に付される。

③その後も、10年経過ごとに同様に国民審査に付される。

④国民審査は、一種のリコール制度であり、投票者の多数が罷免を可とした裁判官は、罷免される。

⑤最高裁判所の裁判官に任期はない。しかし、定年があり、法律の定める年齢になると退官しなければならない。

2 下級裁判所の裁判官

⑥下級裁判所の裁判官は、高等裁判所長官、判事、判事補及び簡易裁判所判事に分類される。

⑦下級裁判所の裁判官は、最高裁判所に指名権があり、最高裁判所の指名した者の名簿から、内閣が任命する。

⑧下級裁判所の裁判官の任期は10年であるが、再任が可能である。

⑨下級裁判所の裁判官にも定年があり、法律で定めた年齢になると、退官しなければならない。

3 裁判官の身分保障

⑩裁判官は、原則として公の弾劾によらなければ、罷免されない。

⑪裁判官の懲戒は、専ら裁判所が行い、行政機関が懲戒処分を行うことは許されない。

⑫裁判官は、定期に相当額の報酬を受け、在任中、これを減額することはできない。

学習日	月　日	月　日	月　日	月　日
正答数	／6	／6	／6	／6
解答時間	分	分	分	分

出た過去問！出る予想問！ 目標2分で答えよう

❏❏❏ 最高裁判所の裁判官は、任命後最初に行われる衆議院議員の総選挙または参議院議員の通常選挙の際に、国民審査に付される。［予想問］ ☞②答×

❏❏❏ 高等裁判所、地方裁判所および家庭裁判所の裁判官については65歳の定年制が施行されているが、最高裁判所および簡易裁判所の裁判官については定年の定めが存在しない。［H19-1-2］ ☞⑤⑨答×

❏❏❏ 高等裁判所長官、判事、判事補および簡易裁判所判事は、いずれも最高裁判所の指名した者の名簿によって、内閣が任命する。［H19-1-1］ ☞⑥⑦答○

❏❏❏ 裁判官の身分保障に関連して、下級裁判所の裁判官の任期は10年であり、仮に再任されたとしても、法律の定める年齢に達したときには退官するものと定められている。［H17-6-3］ ☞⑧⑨答○

❏❏❏ 裁判官の身分保障を手続的に確保するため、罷免については国会に設置された弾劾裁判所が、懲戒については独立の懲戒委員会が決定を行う。［R1-7-1］ ☞⑩⑪答×

❏❏❏ 裁判官の身分保障に関連して、下級裁判所の裁判官は、憲法上、すべて定期に相当額の報酬を受け、在任中、これを減額することができないと定められている。［H17-6-4］ ☞⑫答○

20 財　政

必ず出る！基礎知識 目標5分で覚えよう

1 財政民主主義

①国の財政を処理する権限は、国会の議決に基づいて行使しなければならない。

②国費を支出するには、国会の議決が必要である。

③国が債務を負担するにも、国会の議決が必要である。

2 租税法律主義

④新たに租税を課すには、法律または法律の定める条件によらなければならない。現行の租税の変更も同じ。

⑤租税とは、国・地方公共団体が経費に充てる目的で一定の要件に該当する全ての者に課す金銭給付をいう。

⑥国民健康保険の保険料は、賦課徴収の強制の度合いにおいて租税に類似するため、憲法84条の趣旨が及ぶ。

3 予算・決算

⑦予算は、行政府を拘束する準則であり、法律とは異なる特殊な法形式である。

⑧予算は、内閣が作成する。予算には、皇室の費用も計上しなければならない。

⑨予算は、国会の審議を受け議決を経なければならない。

⑩国会は、審議・議決権に基づき、予算を修正できる。

⑪国会の議決を経た予備費は、内閣の責任で支出できる。ただし、事後に国会の承諾を得なければならない。

⑫国の収入支出の決算は、毎年会計検査院が検査する。

⑬次の年度に決算と検査報告を内閣が国会に提出する。

⑭内閣は、国会だけでなく、国民に対しても、定期に毎年１回以上国の財政状況を報告する義務がある。

学習日	月　日	月　日	月　日	月　日
正答数	／6	／6	／6	／6
解答時間	分	分	分	分

出た過去問！出る予想問！ 目標2分で答えよう

□□□ 内閣は、災害救助等緊急の必要があるときは、当該年度の予算や国会が議決した予備費によることなく、閣議の決定によって財政上必要な支出をすることができる。[H24-5-1]
☞①②答×

□□□ 国費の支出は国会の議決に基づくことを要するが、国による債務の負担は直ちに支出を伴うものではないので、必ずしも国会の議決に基づく必要はない。[H27-7-1]
☞③答×

□□□ 市町村が行う国民健康保険の保険料は、租税以外の公課であるが、賦課徴収の強制の度合いにおいて租税に類似する性質を有するので、憲法84条の趣旨が及ぶ。[H22-6-エ]
☞⑥答○

□□□ 予算の提出権は内閣にのみ認められているので、国会は予算を修正することができず、一括して承認するか不承認とするかについて議決を行う。[H27-7-2]
☞⑩答×

□□□ 予見し難い予算の不足に充てるため、内閣は国会の議決に基づき予備費を設けることができるが、すべての支出について事後に国会の承認が必要である。[H27-7-3]
☞⑪答○

□□□ 国の歳出の決算は毎年会計検査院の検査を受けなければならないが、収入の見積もりにすぎない歳入の決算については、会計検査院の検査を受ける必要はない。[H27-7-5]
☞⑫答×

地方自治

必ず出る！基礎知識　目標5分で覚えよう

1 地方自治の本旨

①地方公共団体の組織及び運営に関する事項は、地方自治の本旨に基づいて、法律で定める。
②地方自治の本旨は、住民自治と団体自治から成る。
③住民自治は、地方の政治がその地方の構成員である住民の意思に基づいて自主的に行われるという民主主義的要素を含んでいる。
④団体自治は、地方政治は国から独立して、団体自らの意思と責任の下で行われるという自由主義的な要素を含んでいる。

2 条例制定権

⑤地方公共団体は、法律の範囲内で条例を制定できる。
⑥条例が法令に反するか否かは、趣旨、目的、内容及び効果を比較し、矛盾、抵触の有無により決する。
⑦条例の対象は、地方公共団体の事務とされるものに限定されている。
⑧地方議会制定の条例で人権を制限できる。
⑨法律の委任があれば、条例で刑罰を科すことができる。委任は、相当な程度に具体的かつ限定的であればよい。
⑩条例によって地域間に格差を生じても、憲法14条1項に反しない。

3 地方特別法

⑪一の地方公共団体のみに適用される特別法を制定するには、その住民の投票で過半数の同意を得る必要がある。

学習日	月　日	月　日	月　日	月　日
正答数	／6	／6	／6	／6
解答時間	分	分	分	分

出た過去問！出る予想問！ 目標2分で答えよう

❑❑❑ 地方公共団体の長及びその議会の議員は、その地方公共団体の住民が直接選挙する。[H8-21-2]

☞③答○

❑❑❑ 国会は、国の唯一の立法機関であるが、地方公共団体も法律の範囲内で条例を制定することができる。[H11-23-2]

☞⑤答○

❑❑❑ 社会生活上のやむを得ない必要のゆえに、ため池の堤とうを使用する財産上の権利を有する者は何人も、条例による制約を受忍する責務を負うというべきである。[H29-4-1]

☞⑧答○

❑❑❑ 刑罰の制定には法律の根拠が必要であるから、条例で罰則を定めるためには、その都度、法律による個別具体的な授権が必要である。[H26-7-1]

☞⑨答×

❑❑❑ 憲法が条例制定権を認める以上、条例の内容をめぐり地域間で差異が生じることは当然に予想されることであるから、一定の行為の規制につき、ある地域でのみ罰則規定が置かれている場合でも、地域差のゆえに違憲ということはできない。[H28-7-1]

☞⑩答○

❑❑❑ 一の地方公共団体にのみ適用される特別法は、その地方公共団体の議会の同意を得なければ、国会は、これを制定することができない。[H10-26-オ]

☞⑪答×

22 憲法改正

必ず出る！基礎知識　目標5分で覚えよう

1 憲法改正手続

①憲法の改正とは、成文憲法の条項に変更（修正・削除・追加等）を加えることである。

②日本国憲法の憲法改正には、まず、国会の発議（憲法改正案の決定）が必要である。

③国会が憲法改正を発議するには、各議院の総議員の3分の2以上の賛成が必要である。

④憲法改正の発議には衆議院の優越は認められていない。

⑤国会が発議した憲法の改正は、国民の承認を得て初めて成立する。

⑥国民の承認を得るには、特別の国民投票または国会の定める選挙の際の投票で過半数の賛成を得る必要がある。

⑦国民の承認により、憲法改正が成立すると、天皇が、直ちに国民の名で公布する。

⑧改正手続が通常の法律よりも厳格な憲法を硬性憲法といい、そうでない憲法を軟性憲法という。

⑨頻繁に改正されても、改正手続が厳格な憲法は、硬性憲法である。

2 憲法改正の限界

⑩憲法改正には限界があり、憲法96条の手続を踏んでも、法的に許されない改正があるというのが通説である。

⑪憲法改正手続によっても、基本的人権を削除することは許されないというのが通説である。

⑫憲法改正手続によっても、国民主権を君主主権に変更することはできないというのが通説である。

学習日	月　日	月　日	月　日	月　日
正答数	／7	／7	／7	／7
解答時間	分	分	分	分

出た過去問！出る予想問！ 目標2分で答えよう

❑❑❑ 各議院の総議員の３分の２以上の賛成により、特別の憲法制定会議が召集され、そこにおける議決をもって憲法改正草案を策定する。[H13-7-3]
☞②③答×

❑❑❑ 憲法の改正は国会が発議するが、そのためには、各議院の総議員の３分の２以上の賛成が必要とされる。[H13-7-1]
☞②③答○

❑❑❑ 憲法の改正は国会が発議するが、両議院の意見が一致しない場合には、衆議院の議決が国会の発議となる。[H13-7-2]
☞④答×

❑❑❑ 憲法の改正について国民の承認を得るには、特別の国民投票においてその３分の２以上の賛成を得ることが必要である。[H13-7-4]
☞⑥答×

❑❑❑ 憲法の改正について国民の承認が得られた場合、内閣総理大臣は、直ちにこれを公布しなくてはならない。[H13-7-5]
☞⑦答×

❑❑❑ 通常の法律より改正手続が困難な憲法を硬性憲法、法律と同等の手続で改正できる憲法を軟性憲法という。ドイツやフランスの場合のように頻繁に改正される憲法は、法律より改正が困難であっても軟性憲法に分類される。[H29-1-1]
☞⑨答×

❑❑❑ 憲法改正には限界があり、この憲法が保障する基本的人権を憲法改正手続によって削除することは許されないとするのが、通説である。[H18-6-5]
☞⑪答○

第2編

行　政　法

1 法治行政

必ず出る！基礎知識 目標5分で覚えよう

1 行政法の法源

①行政法とは、行政（立法と司法を除いた国家作用）に関する法である。

②法の一般原理などの成文化されていない法源（例信義則・平等原則・比例原則）もある。

2 法治行政の原則

③行政活動は、法律に従って行われ、法律で定めた権限の範囲内に限定される（法律による行政の原理）。

④いかなる行政活動も、法律の定めに違反してはならない（法律の優位の原則）。

⑤法律に留保された領域では、法律の授権がない限り、行政活動を行うことはできない（法律の留保）。

⑥法律に留保された領域とは、国民の権利や自由を権力的に侵害する行政活動である（侵害留保説）。

⑦当事者の合意によって成立する行政契約には、法律の根拠は不要である。

⑧通達による課税でも、通達の内容が法の正しい解釈に基づくものであれば、法の根拠に基づく処分といえる。

3 法の一般原理

⑨信義則・比例原則・平等原則などの法の一般原理が行政上の法理関係にも適用される。

⑩租税法の領域での信義則の適用は、合法性を犠牲にしても、信頼を保護すべき特別の事情がある場合に限る。

4 行政法規違反と私法上の効力

⑪取締法規にすぎない食品衛生法の営業許可がなくても、私法上の取引は有効である。

学習日	8月29日	月　日	月　日	月　日
正答数	／4	／4	／4	／4
解答時間	分	分	分	分

出た過去問！出る予想問！ 目標2分で答えよう

❑❑❑ 行政契約でも、その内容が国民に義務を課したり、その権利を制限するものについては、法律の留保の原則に関する侵害留保論に立った場合、法律の根拠が必要であると解される。［H24-9-1］ ☞⑦答×

❑❑❑ 従来課税の対象となっていなかった一定の物品について、課税の根拠となる法律所定の課税品目に当たるとする通達の発出により新たに課税の対象とすることは、仮に通達の内容が根拠法律の解釈として正しいものであったとしても、租税法律主義及び信義誠実の原則に照らし、違法である。［H24-8-5］ ☞⑧答×

❑❑❑ 課税処分について信義則の法理の適用により当該課税処分が違法なものとして取り消されるのは、租税法規の適用における納税者間の平等、公平という要請を犠牲にしてもなお、当該課税処分に係る課税を免れしめて納税者の信頼を保護しなければ正義に反するというような特別の事情が存する場合に限られる。［H24-8-3］ ☞⑩答○

❑❑❑ 食品衛生法に基づく食肉販売の営業許可は、当該営業に関する一般的禁止を個別に解除する処分であり、同許可を受けない者は、売買契約の締結も含め、当該営業を行うことが禁止された状態にあるから、その者が行った食肉の買入契約は当然に無効である。［H30-9-2］ ☞⑪答×

2 行政上の法律関係と民事法

必ず出る！基礎知識　目標5分で覚えよう

1 時　効

①会計法や地方自治法の消滅時効の規定は、民法の時効規定になじみにくい行政上の金銭債権にのみ適用される。

②公務災害などの国の安全配慮義務違反に対する損害賠償請求権の消滅時効は、民法の規定による。

③公立病院の診療に関する債権の消滅時効も、民法の規定による。

2 代　理

④普通地方公共団体の長が代表して行う契約締結行為にも、双方代理に関する民法の規定が類推適用される。

3 対抗要件

⑤（旧）自作農創設特別措置法に基づく農地買収処分には、民法の対抗要件の規定は適用されない。

⑥租税滞納処分における国と相手方との関係には、民法の対抗要件の規定が適用される。

4 隣地境界線と建築物の築造

⑦防火地域または準防火地域内での建築物の築造と隣地境界線の関係については、建築基準法が民法に優先する。

5 公営住宅の使用関係

⑧公営住宅法及びこれに基づく条例は公営住宅の使用関係の特別法であり、一般法に優先して適用される。

⑨公営住宅の使用関係に民法や借地借家法が適用されるのは、公営住宅法などの特別法に規定がない場合に限る。

⑩公営住宅の入居者に相続が開始しても、相続人が当然に公営住宅を使用する権利を承継するわけではない。

学習日	月　日	月　日	月　日	月　日
正答数	／4	／4	／4	／4
解答時間	分	分	分	分

出た過去問！出る予想問！ 目標2分で答えよう

❑❑❑ 公務災害に関わる金銭債権の消滅時効期間については、早期決済の必要性など行政上の便宜を考慮する必要がないので、会計法の規定は適用されず、民法の規定が適用される。[H27-9-5] ☞②答○

❑❑❑ 租税滞納処分は、国家が公権力を発動して財産所有者の意思いかんにかかわらず一方的に処分の効果を発生させる行為であるという点で、自作農創設特別措置法（当時）所定の農地買収処分に類似するものであるから、物権変動の対抗要件に関する民法の規定の適用はない。[H30-9-3] ☞⑥答×

❑❑❑ 建築基準法において、防火地域または準防火地域内にある建築物で外壁が耐火構造のものについては、その外壁を隣地境界線に接して設けることができるとされているところ、この規定が適用される場合、建物を築造するには、境界線から一定以上の距離を保たなければならないとする民法の規定は適用されない。[H30-9-4] ☞⑦答○

❑❑❑ 公営住宅の使用関係については、一般法である民法および借家法（当時）が、特別法である公営住宅法およびこれに基づく条例に優先して適用されることから、その契約関係を規律するについては、信頼関係の法理の適用があるものと解すべきである。[H30-9-1] ☞⑧⑨答×

3 行政主体と行政機関

必ず出る！基礎知識　目標5分で覚えよう

1 行政主体

①行政主体とは、自己の名と責任で行政を行い、行政上の権利義務の帰属主体となる団体である。

②国・地方公共団体・公共組合・特殊法人（公団・公庫・事業団など）・独立行政法人が行政主体である。

2 行政機関

③行政機関は、行政主体のために手足となって職務を行う自然人である。

④行政庁は、行政主体の意思を決定し、外部に表示する権限のある行政機関である。

⑤各省大臣・都道府県知事・市町村長等が行政庁である。

⑥行政庁は独任制が原則であるが、合議制のものもある。

⑦上級行政庁には、下級行政庁に対する指揮監督権（監視権、許認可権、訓令権など）がある。

⑧副大臣・大臣政務官・事務次官・一般職員などは、行政庁を補助する補助機関である。

⑨警察官・消防職員・徴税職員は、行政目的の実現に必要な実力行使を行う執行機関である。

⑩諮問機関の答申に法的拘束力はない。これに対して、参与機関の議決は行政庁の意思を法的に拘束する。

⑪行政機関が権限の範囲内で行った行為の効果は、行政主体に帰属する。

3 権限の委任・代理

⑫権限の一部を他の機関に移すことを権限の委任といい、代理関係のみを発生させるものを権限の代理という。

⑬権限を移さず、事務処理の決定を補助機関に委ね、外部には、行政庁の名で表示することを専決・代決という。

学習日	月　日	月　日	月　日	月　日
正答数	／7	／7	／7	／7
解答時間	分	分	分	分

出た過去問！出る予想問！ 目標2分で答えよう

□□□ 公団・公庫・事業団などは、特殊法人と呼ばれるが、法的には国という公法人に所属する、その一機関にすぎない。[H13-8-2]
☞②答×

□□□ 国家行政組織法には、行政庁は独任制でなければならないとの規定があり、わが国には、合議制の行政庁は存在しない。[H21-9-イ]
☞⑥答×

□□□ 上級行政庁は、下級行政庁に対して監視権や取消権などの指揮監督権を有するが、訓令権については認められていない。[H21-9-ウ]
☞⑦答×

□□□ 補助機関とは行政主体の手足として実力を行使する機関であり、警察官、収税官などがこれに当たる。[H18-9-5]
☞⑧⑨答×

□□□ 諮問機関が示した答申・意見について、行政庁はそれを尊重すべきではあるが、法的に拘束されることはない。[H18-9-3]
☞⑩答○

□□□ 行政機関が、行政主体のために行うことのできる事柄・活動の範囲は権限と呼ばれ、私法上の権利と同様に、その権限行使を担当する公務員に効果が帰属する。[H13-8-4]
☞⑪答×

□□□ 行政庁がその権限の一部を他の行政機関に委任した場合であっても、権限の所在自体は、委任した行政庁から受任機関には移らない。[H21-9-エ]
☞⑫答×

4 国の行政組織

必ず出る！基礎知識 目標5分で覚えよう

1 内閣府と各省

①内閣府は、内閣府設置法によって内閣に置かれる行政機関であり、長は、内閣総理大臣である。

②国家行政組織法は、内閣の統轄下にある内閣府以外の行政機関の組織の基準を定める。

③国家行政組織法に基づく国の行政機関は、省、委員会及び庁であり、その設置及び廃止は、別に法律で定める。

④各省の長を各省大臣といい、国務大臣の中から内閣総理大臣が命ずる。

⑤内閣府や各省には、必置の機関として、副大臣・大臣政務官・事務次官が置かれる。

⑥事務次官は、大臣を助け、省務を整理し、各部局および機関の事務を監督する。

2 外　局

⑦内閣府や各省の外局として、委員会や庁が置かれる。

⑧公正取引委員会や金融庁は、内閣府の外局である。国税庁は財務省の外局、観光庁は国土交通省の外局である。

⑨委員会の長は委員長であり、庁の長は長官である。

⑩各委員会や各庁の長官は、所掌事務について公示を必要とする場合には、告示を発することができる。

⑪内閣府や各省だけでなく、委員会や庁にも、審議会等の合議制の機関を置くことができる。

3 独立行政法人

⑫独立行政法人は、国が直接実施する必要のない公共上の事務等で、民間には委ねられないものを行う。

⑬独立行政法人のうち、行政執行法人の役員や職員には、国家公務員の身分が与えられる。

学習日	月　日	月　日	月　日	月　日
正答数	／7	／7	／7	／7
解答時間	分	分	分	分

● 出た過去問！出る予想問！ 目標2分で答えよう ●

❑❑❑ 内閣府設置法によれば、内閣総理大臣は、内閣府の長として、内閣府の事務を統括し、職員の服務について統督する。［H27-24-ウ］ ☞①答○

❑❑❑ 国家行政組織法は、内閣府を含む内閣の統轄の下における行政機関の組織の基準を定める法律である。［H21-26-1］ ☞②答×

❑❑❑ 国家行政組織法によれば、行政組織のために置かれる国の行政機関には、省、庁および独立行政法人があり、その設置・廃止は、別に法律の定めるところによる。［H27-24-ア］ ☞③答×

❑❑❑ 国家行政組織法に基づいて、各省には、各省大臣の下に副大臣および大臣政務官の他、大臣を助け、省務を整理し、各部局および機関の事務を監督する職として事務次官が置かれる。［H25-25-3］ ☞⑤⑥答○

❑❑❑ 省には外局として、委員会及び庁が置かれるが、内閣府にはそのような外局は置かれない。［H21-26-3］ ☞⑦答×

❑❑❑ 国家行政組織法によれば、同法の定める国の行政機関には、審議会等、合議により処理することが適当な事務をつかさどるための合議制機関を置くことができる。［H27-24-イ］ ☞⑪答○

❑❑❑ 独立行政法人は、国とは独立した法人であるから、その職員が国家公務員法上の公務員としての地位を有することはない。［H21-25-2］ ☞⑬答×

5 公務員と公物

必ず出る！基礎知識 目標5分で覚えよう

1 公務員

①国家公務員法は全ての一般職公務員に適用されるが、法律に別段の定めがない限り、特別職には適用されない。

②一般職公務員に対する懲戒処分は、免職・停職・減給・戒告である。停職期間中も公務員の身分を失わない。

③職務時間外の行為も、懲戒処分の処分理由となりうる。

④勤務実績がよくない場合、懲戒処分ではなく、分限処分である降任・免職となりうる。

⑤懲戒処分を行うのは、任命権者である。ただし、人事院が懲戒処分の指針を作成している。

⑥同一事件が刑事裁判所に係属中でも、任命権者は、人事院の承認を経て懲戒手続を進めることができる。

⑦公務員の懲戒処分には、行政手続法の不利益処分の規定は適用されない。

⑧懲戒処分を受けた国家公務員は、人事院に対してのみ審査請求ができる。

⑨人事院は、内閣の所轄の下に置かれ、人事院規則を制定できる。その案について事前に閣議を経る必要はない。

⑩国は、公務員に対して安全配慮義務を負う。

⑪一般職の地方公務員にも、労働基準法は適用される。

2 公物

⑫公物とは、行政主体によって直接公の目的に供される有体物をいう。自然公物（例河川）と人工公物（例道路）がある。

⑬人工公物の公用開始行為・公用廃止行為は、行政行為の一種である。

⑭公共用財産も、長年放置され、黙示的に公用廃止とみなし得る場合には、取得時効の対象となる。

学習日	月　日	月　日	月　日	月　日
正答数	／7	／7	／7	／7
解答時間	分	分	分	分

出た過去問！出る予想問！ 目標2分で答えよう

❑❑❑ 国家公務員には、一般職と特別職があるが、国家公務員法は、両者に等しく適用される。[H21-25-1]

☞①答×

❑❑❑ 一般職公務員について、勤務実績がよくない場合には、懲戒処分の対象となりうる。[H27-26-3] ☞④答×

❑❑❑ 一般職公務員に対する懲戒処分については、人事院がすべての職種について処分基準を定め、これに基づいて処分を行う。[H27-26-1] ☞⑤答×

❑❑❑ 懲戒に付されるべき事件が、刑事裁判所に係属する間においては、任命権者は、同一事件について、懲戒手続を進めることができない。[H25-26-4]

☞⑥答×

❑❑❑ 懲戒処分は、任命権者が行うこととされており、懲戒処分を受けた国家公務員は、当該懲戒処分に不服があるときは、当該懲戒処分を行った任命権者に対して審査請求をすることができる。[H25-26-2]

☞⑧答×

❑❑❑ 安全配慮義務は私法上の義務であるので、国と国家公務員との間の公務員法上の関係においては、安全配慮義務に基づく責任は認められない。[H27-9-2]

☞⑩答×

❑❑❑ 公物の公用廃止については、明示的な廃止処分によることなく、黙示で廃止されたものとみなされることもある。[H23-24-3] ☞⑭答○

6 行政立法

必ず出る！基礎知識 目標5分で覚えよう

1 法規命令

①国民の権利義務に関係する法規範を法規といい、行政機関が定める法規を法規命令という。

②政令は、内閣が、内閣府令は、内閣総理大臣が、そして、省令は、各省大臣が制定する法規命令である。

③各庁の長や各委員会、そして、人事院などの独立機関も、規則という名の法規命令を制定できる。

④告示にも、法規命令に当たるものがある。

⑤法規命令には、法律の執行に必要な細目を定める執行命令と法律の委任に基づき内容を定める委任命令がある。

⑥建築基準法施行規則は、建築基準法の委任に基づいて定められた省令である。

⑦委任命令には、法律の個別具体的な授権が必要である。

⑧授権の範囲を超えた委任命令は、違法・無効である。

⑨父が認知した婚姻外懐胎児童を支給対象から外した児童扶養手当法施行令は、委任の範囲を逸脱し違法である。

⑩法律の個別具体的な授権があれば、委任命令に罰則を定めることもできる。

2 行政規則

⑪行政規則は、行政組織の内部規範にすぎず、その定立に法律の根拠は必要ない。

⑫通達は、行政規則であり、必要に応じて随時発することができ、官報などによる公示も必要ない。

⑬通達は下級機関や職員を拘束するため、通達に反する行為を行うと、職務上の義務違反となり得る。

⑭裁判所は、通達に拘束されることなく、独自の法令解釈により処分の適法性を判断できる。

学習日	月　日	月　日	月　日	月　日
正答数	／6	／6	／6	／6
解答時間	分	分	分	分

出た過去問！出る予想問！ 目標2分で答えよう

❑❑❑ 内閣に置かれる内閣府の長である内閣官房長官は、内閣府の命令である内閣府令を発することができる。[H23-9-3]
☞②答×

❑❑❑ 国家行政組織法によれば、各省大臣は、主任の行政事務について、それぞれの機関の命令として規則を発することができる。[H27-24-エ]
☞②答×

❑❑❑ 公正取引委員会、公害等調整委員会、中央労働委員会などの委員会は、庁と同様に外局の一種とされるが、合議体であるため、独自の規則制定権は与えられていない。[H20-9-エ]
☞③答×

❑❑❑ 政令及び省令には、法律の委任があれば、罰則を設けることができるが、各庁の長や各委員会が発する規則などには、罰則を設けることは認められていない。[H23-9-5]
☞③⑤⑩答×

❑❑❑ 通達は、法律の根拠なく発令・改廃することができるが、それに際しては、官報による公示や関係機関の事務所における備付けその他適当な方法により国民に対して公にしなければならない。[H22-9-1]
☞⑫答×

❑❑❑ 通達によって示された法令解釈の違法性が訴訟において問題となったとき、裁判所は、行政庁の第一次的判断権の尊重の原則により、それが重大明白に誤りでない限り、当該通達で示された法令解釈に拘束される。[H22-9-4]
☞⑭答×

7 行政行為(1)

必ず出る！基礎知識 目標5分で覚えよう

1 許　可

①行政庁の一方的な判断によって特定の国民の権利義務を具体的に決定する行為を行政行為という。

②行政行為は、必ず法律の定めに従って行わなければならず、法律の根拠を欠く行政行為は許されない。

③許可は、国民が本来持つ自由に対して課されている一般的禁止を解除し、自由を回復させる行政行為である。

④許可は、行政庁の意思表示により成立し（法律行為的行政行為）、国民が本来持つ自由に関わる（命令的行為）。

⑤自動車の運転免許・火薬類輸入の許可・飲食店の営業許可・風俗営業の許可・公衆浴場の許可が許可に当たる。

⑥自動車の車検など、与えられた許可が、譲渡または相続の対象となり得る場合もある。

⑦許可を要する行為を無許可で行っても、私法上当然に無効となるわけではない。

2 特許と認可

⑧特許と認可も、法律行為的行政行為であるが、国民が本来持っていない法的地位に関する形成的行為である。

⑨特許は、国民が本来持っていない新たな法律上の力・地位を特定の人に付与する行為である。

⑩電気・ガスなどの公共事業の許可・鉱業権設定の許可・公有水面の埋立免許・河川法の土地の占用許可・公務員の任命などが特許である。

⑪認可は、第三者の法律行為を補充して、その法律上の効果を完成させる行為である。

⑫農地の権利移転の許可・ガスの供給約款の認可・銀行どうしの合併の認可・公共料金の値上げが認可に当たる。

学習日	月　日	月　日	月　日	月　日
正答数	／7	／7	／7	／7
解答時間	分	分	分	分

出た過去問！出る予想問！ 目標2分で答えよう

❑❑❑ 自動車の運転免許は、免許を受けた者に対し、公道上で自動車を運転することができるという新たな法律上の地位を付与するものであるから、行政行為の分類理論でいうところの「特許」に該当する。[H19-10-1]

☞⑤ 答 ×

❑❑❑ 火薬類輸入の許可は、講学上の許可にあたる。[H9-33-2]

☞⑤ 答 ○

❑❑❑ 許可は、一般的な禁止を特定の場合に解除するものであり、その性質上、許可された地位は、譲渡または相続の対象とはならない。[H11-33-2]

☞⑥ 答 ×

❑❑❑ 許可を要する行為を許可を受けないでした場合は、強制執行または処罰の対象とされることがあるのみならず、当該行為は、私法上も、当然に無効となる。[H11-33-1]

☞⑦ 答 ×

❑❑❑ 電気事業法に基づいて経済産業大臣が行う電気事業の「許可」は、行政行為の分類上、「認可」とされる。[H19-8-ア]

☞⑩ 答 ×

❑❑❑ ガス事業法に基づいて経済産業大臣が一般ガス事業者に対して行う供給約款の「認可」は、行政行為の分類上、「認可」とされる。[H19-8-イ]

☞⑫ 答 ○

❑❑❑ 農地法に基づいて農業委員会が行う農地の所有権移転の「許可」は、行政行為の分類上、「認可」とされる。[H19-8-オ]

☞⑫ 答 ○

---

8 行政行為(2)

必ず出る！基礎知識 目標5分で覚えよう

1 確認・公証

①確認と公証は、行政庁の意思ではなく、法律の定めに基づいて効果が生じる（準法律行為的行政行為）。

②確認とは、特定の事実または法律関係の存否について、公の権威をもって判断し、これを確定する行為をいう。

③建築確認・発明の特許が確認の例である。

④公証とは、特定の事実または法律関係の存在を公に証明する行為をいう。

⑤選挙人名簿への登録・戸籍への記載が公証の例である。

2 行政裁量

⑥行政裁量とは、立法者が法律の枠内で行政機関に認めた判断の余地をいう。

⑦自動車の運転免許や飲食店の営業許可など、本来持つ自由を回復させる行為である許可の行政裁量は狭い。

⑧電気事業の許可や河川法の土地の占用許可など、新たな力・地位を与える特許は、行政裁量が広く認められる。

⑨認可も、行政裁量が広く認められる。

⑩確認と公証は、行政庁の意思に基づくものではない以上、行政裁量は認められない。

⑪外国人の在留期間の更新や在留外国人のわが国への再入国の許可については、法務大臣に広範な裁量権がある。

⑫原子炉設置の許可は、原子力委員会等の専門技術的意見に基づく行政庁の合理的な判断に委ねられている。

⑬裁量行為は、裁量権の逸脱または濫用と認められない限り、違法とはならない。

⑭公務員の懲戒処分は、著しく妥当性を欠き、懲戒権者の裁量権の濫用と認められる場合のみ違法となる。

学習日	月　日	月　日	月　日	月　日
正答数	／5	／5	／5	／5
解答時間	分	分	分	分

● 出た過去問！出る予想問！ 目標2分で答えよう ●

□□□ 建築基準法に基づいて建築主事が行う建築「確認」は、行政行為の分類上、「認可」とされる。［H19-8-エ］
☞③ 答 ×

□□□ 道路交通法に基づく自動車の運転免許は、伝統的に行政裁量が広く認められると解されてきた行政行為である。［H23-10-ア］
☞⑦ 答 ×

□□□ 電気事業法に基づく電気事業の許可は、伝統的に行政裁量が広く認められると解されてきた行政行為である。［H23-10-イ］
☞⑧ 答 ○

□□□ 建築主事は、一定の建築物に関する建築確認の申請について、周辺の土地利用や交通等の現状および将来の見通しを総合的に考慮した上で、建築主事に委ねられた都市計画上の合理的な裁量に基づいて、確認済証を交付するか否かを判断する。［H24-26-1］
☞⑩ 答 ×

□□□ 裁判所が懲戒権者の裁量権の行使としてされた公務員に対する懲戒処分の適否を審査するに当たっては、懲戒権者と同一の立場に立って懲戒処分をすべきであったかどうか又はいかなる処分を選択すべきであったかについて判断し、その結果と処分とを比較してその軽重を論ずべきものではなく、それが社会観念上著しく妥当を欠き裁量権を濫用したと認められる場合に限り、違法と判断すべきものである。［H28-9-5］
☞⑭ 答 ○

9 行政行為(3)

必ず出る！基礎知識 目標5分で覚えよう

1 行政行為の瑕疵と公定力

①行政行為は、違法・不当なものも、原則として、権限のある機関が取り消すまでは有効である（公定力）。
②救済を求めるには、予め行政行為を取り消しておく必要があるのが原則である。
③国家賠償請求や刑事訴訟なら、行政行為を取り消さなくても、その違法性を主張できる。
④重大かつ明白な違法性のある行政行為には、公定力はなく、法律上当然に無効である。
⑤無効は、いつでも誰でも主張できる。
⑥内容が不明確・実現不可能な行政行為は無効である。
⑦極度の泥酔状態や強度の強迫状態など、全く意思のない状態で行った行政行為は、無効である。
⑧瑕疵ある行政行為について、民法の意思表示の瑕疵に関する規定は、原則として適用されない。
⑨瑕疵がその後の事情の変化によって実質的に充足された場合、適法な行政行為と扱うことを瑕疵の治癒という。

2 不可争力・自力執行力・不可変更力

⑩不服申立期間・出訴期間を経過すると、国民は行政行為の取消しを請求できなくなる（不可争力）。
⑪不可争力が生じても、行政行為を行った行政庁が自ら職権で取り消すことはできる。
⑫不可争力は、国家賠償請求には及ばない。
⑬義務が履行されない場合、法律が認めていれば、行政庁は、強制執行を行うことができる（自力執行力）。
⑭審査請求に対する裁決など裁断行為を行った機関は、自らその判断を覆すことはできない（不可変更力）。

学習日	月　日	月　日	月　日	月　日
正答数	／6	／6	／6	／6
解答時間	分	分	分	分

出た過去問！出る予想問！ 目標2分で答えよう

□□□ 行政処分の違法を理由として国家賠償を請求するためには、その取消しまたは無効確認の確定判決をあらかじめ得ておく必要はない。[H30-10-5]

☞③答〇

□□□ 行政行為は公定力を有するから、その成立に重大かつ明白な瑕疵がある場合でも正当な権限を有する行政庁または裁判所によって取り消されるまでは一応有効であり、何人もその効力を否定することはできない。[H11-34-1]

☞④答×

□□□ 内容が不明確な行政行為は、無効な行政行為ではなく、取消し得べき行政行為である。[H10-32-2]

☞⑥答×

□□□ 行政庁が瑕疵ある行政行為を行った場合には、原則として民法の意思表示の瑕疵に関する規定が適用される。[H10-33-1]

☞⑧答×

□□□ 処分に対する取消訴訟の出訴期間が経過して、処分に不可争力が生じた場合には、その違法を理由として国家賠償を請求する訴訟を提起することはできない。[H22-19-3]

☞⑫答×

□□□ 異議申立てに対する決定等の一定の争訟手続を経て確定した行政庁の法的な決定については、特別の規定がない限り、関係当事者がこれを争うことができなくなることはもとより、行政庁自身もこれを変更することができない。[H25-9-5]

☞⑭答〇

10 行政行為の附款

必ず出る！基礎知識 目標5分で覚えよう

1 附款の要件

①附款とは、条件や期限のように、主たる意思表示に付加される従たる意思表示のことをいう。

②附款は、法律が許容している場合、または、行政庁に裁量権がある場合に付すことができる。

③附款を付すことができるのは、行政庁の意思表示が必要となる法律行為的行政行為だけである。

④附款は、行政行為の目的に照らして必要な限度に限定される。目的と無関係の附款を付すことはできない。

⑤附款にも、公定力がある。

⑥附款と行政行為本体とが不可分一体の関係にある場合には、附款だけの取消しを求めることはできない。

2 附款の種類

⑦行政行為の効果を発生が確実な事実にかからせるのが期限であり、不確実な事実にかからせるのが条件である。

⑧自動車運転免許証の「○年○月○日まで有効」という記載は、期限を定めたものである。

⑨条件には、その事実の発生によって、効果が生じる停止条件と、効果が消滅する解除条件がある。

⑩負担とは、授益的行政行為の相手方に特別の義務を命じることをいう。占用許可の際の占用料納付が例である。

⑪負担が履行されなくても、本体たる行政行為の効力に影響はない。

⑫取消権（撤回権）を留保しても、その行使には、実質的な事由が必要である。

学習日	月　日	月　日	月　日	月　日
正答数	／7	／7	／7	／7
解答時間	分	分	分	分

出た過去問！出る予想問！ 目標2分で答えよう

❑❑❑ 行政行為の附款は、法令が附款を付すことができる旨を明示している場合に限り、付すことができる。[H6-34-1]
☞②答×

❑❑❑ 附款は、法律行為的行政行為にのみ付すことができる。[H5-37-1]
☞③答○

❑❑❑ 申請に対し許認可を与える場合、それは、申請通りの内容を行政庁として認めることを意味しているので条件を付すことはできない。[H17-10-オ]
☞③答×

❑❑❑ 附款が違法である場合、当該附款と本体たる行政行為とが不可分一体の関係にある場合であっても、当該附款の取消しを求める訴訟を提起することが可能である。[H6-34-3]
☞⑥答×

❑❑❑ 自動車の運転免許の期限として、免許証に記載されている「○年○月○日まで有効」という条件は、行政行為の附款理論でいうところの「期限」に該当する。[H19-10-3]
☞⑧答○

❑❑❑ 不確実な事実の発生によって、効果が生じる条件を解除条件という。[予想問]
☞⑨答×

❑❑❑ 負担が履行されないと、本体たる行政行為は無効になる。[予想問]
☞⑪答×

行政行為の職権取消しと撤回

必ず出る！基礎知識　目標5分で覚えよう

1 行政行為の職権取消し

①瑕疵ある行政行為を行った行政庁は、職権でそれを取り消すことができる。

②職権取消しも行政行為であり、目的は、適法性・合目的性の回復にある。

③取り消された行政行為は、取消しの遡及効により、最初からなかったことになる。

④裁決等には、不可変更力が発生しているため、職権取消しはできない。

⑤公共の利益に重大な支障が生じる場合には、行政行為の職権取消しは認められない。

⑥授益的行政行為の職権取消しは、公益上の必要性が相手方の既得権益や信頼を上回る場合に限る。

⑦瑕疵ある行政行為の職権による取消しに、法律の根拠は必要ない。

⑧職権取消しには、期間制限はない。

2 行政行為の撤回

⑨瑕疵はないが事情の変化により維持すべきでなくなった行政行為を将来に向かい失効させることを撤回という。

⑩条文上は、撤回も取消しと表現されるのが通常である。

⑪授益的行政行為の撤回は、公益上の必要性が相手方の不利益を上回る場合や相手方が有責の場合などに限る。

⑫撤回するには、聴聞を行う必要がある。また、撤回によって、相手方が被った損失を補償すべきである。

⑬行政行為の撤回に法律の根拠は不要だが、撤回できるのは、原則として処分庁だけである。

学習日	月　日	月　日	月　日	月　日
正答数	／6	／6	／6	／6
解答時間	分	分	分	分

出た過去問！出る予想問！　目標2分で答えよう

□□□ 行政行為の職権取消しは、行政活動の適法性ないし合目的性の回復を目的とするものであるが、私人の信頼保護の要請等との比較衡量により制限されることがある。[H18-10-5]　☞②⑥答○

□□□ 行政行為の職権取消しは、私人が既に有している権利や法的地位を変動（消滅）させる行為であるから、当該行政行為の根拠法令において個別に法律上の根拠を必要とする。[H18-10-4]　☞⑦答×

□□□ 行政処分の職権取消しは、当該処分に対する相手方等の信頼を保護する見地から、取消訴訟の出訴期間内に行わなければならない。[H30-10-3]　☞⑧答×

□□□ 一級建築士がその業務に関して不誠実な行為をしたとき、免許を与えた国土交通大臣は、免許を取り消すことができるという場合の取消しは、行政行為の取消しに当たる。[H20-8-4]　☞⑨答×

□□□ 行政行為の撤回は、処分庁が、当該行政行為が違法になされたことを理由にその効力を消滅させる行為であるが、効力の消滅が将来に向かってなされる点で職権取消しと異なる。[H18-10-1]　☞⑨答×

□□□ Y県知事は、河川改修工事などのやむをえない理由があれば、河川の占用許可を撤回できるが、Xに損失が生ずれば、通常生ずべき損失を補償しなければならない。[H24-24-5]　☞⑫答○

12 行政上の義務の履行確保

必ず出る！基礎知識 目標5分で覚えよう

1 行政上の強制執行

①行政上の義務の履行確保は、別に法律で定めるものを除いて、行政代執行法の定めるところによる。

②行政上の強制執行には代執行・執行罰・直接強制・行政上の強制徴収がある。実施には法律の根拠を要する。

③直接強制は、義務の不履行があった場合、直接に義務者の身体や財産に実力を加えることをいう。

④行政上の強制徴収は、租税債務の不履行に限らないが、その仕組みにより水道料金を徴収することはできない。

⑤国が専ら行政権の主体として国民に行政上の義務の履行を求める訴訟は、法律の規定がない限り提起できない。

2 代執行

⑥代執行の根拠法は、行政代執行法である。行政手続法は適用されない。

⑦代執行の対象は、法律、法律の委任に基づく命令・条例・行政行為等により命ぜられた代替的作為義務である。

⑧代執行を行うには、他の手段では履行の確保が難しく、その放置が著しく公益に反する必要がある。

⑨代執行をするためには、原則として文書で戒告し、義務が履行されなければ、代執行令書を発する必要がある。

⑩代執行が終了すると、義務者に実際に要した費用の納付が命じられ、国税滞納処分の例により強制徴収できる。

3 執行罰

⑪執行罰は、過料という心理的圧力により非代替的作為義務や不作為義務の履行を強制する。例は砂防法のみ。

⑫執行罰は制裁ではない。そのため、目的を達するまで繰り返し科すことができ、刑事罰や行政罰と併科できる。

学習日	月　日	月　日	月　日	月　日
正答数	／6	／6	／6	／6
解答時間	分	分	分	分

出た過去問！出る予想問！ 目標2分で答えよう

❑❑❑ 行政上の義務履行の確保に関しては、行政代執行法が一般法とされ、別に法律で定めるものを除いては、この法律の定めるところによる。[H23-8-1]

☞①答○

❑❑❑ 市水道局による水道サービスの料金を滞納している私人に対し、市は地方自治法に基づき、行政上の強制徴収の仕組みを用いて徴収することができる。[H19-9-2]

☞④答×

❑❑❑ 国または地方公共団体が専ら行政権の主体として国民に対して行政上の義務の履行を求める訴訟は、このような訴訟を提起することを認める特別の規定が法律にあれば、適法となりうる。[H27-8-2]

☞⑤答○

❑❑❑ 法律の委任による条例に基づき、行政庁により命ぜられた行為については、行政代執行法は適用されない。[H21-10-1]

☞⑦答×

❑❑❑ 代執行に要した費用については、義務者に対して納付命令を発出したのち、これが納付されないときは、国税滞納処分の例によりこれを徴収することができる。[H30-8-ア]

☞⑩答○

❑❑❑ 執行罰は、刑罰ではないため、二重処罰の禁止の原則の適用はなく、同一の義務の不履行について、これを複数回にわたり科すことも認められている。
[H29-10-3]

☞⑫答○

---

13 行政上の義務違反に対する制裁

必ず出る！基礎知識 目標5分で覚えよう

1 行 政 罰

①行政罰は、行政上の義務違反に対する制裁として科される罰であり、行政刑罰と秩序罰がある。
②同一の義務違反に対して、行政上の強制執行と行政罰を併用することができる。
③地方公共団体も、条例で行政罰を科すことができる。
④行政刑罰とは、行政上の義務違反に対して科される刑法に刑名のある刑罰である。
⑤行政刑罰には、法令に特別の定めがある場合を除いて、刑法総則が適用される。
⑥行政刑罰は、原則として裁判所が刑事訴訟法の定めに従って科刑する。
⑦秩序罰は、秩序維持を目的に転入届を怠った者などの行政上の義務違反者に過料という制裁を科すものである。
⑧秩序罰は、刑罰ではなく、法令に基づく秩序罰は、非訟事件手続法の定めに従い、裁判所が過料を科す。
⑨行政刑罰と秩序罰を併科することができる。

2 公表と課徴金

⑩行政上の勧告や命令に従わなかった場合、条例の定めにより、制裁としてその事実を公表することができる。
⑪制裁としての違反事実の公表は、聴聞の対象となる不利益処分ではない。
⑫課徴金は、経済法上不法な利益を得た者に課される制裁金の一種である。
⑬行政刑罰と課徴金の賦課は、二重処罰の禁止に抵触せず、両者を併科できる。

学習日	月　日	月　日	月　日	月　日
正答数	／6	／6	／6	／6
解答時間	分	分	分	分

出た過去問！出る予想問！ 目標2分で答えよう

❑❑❑ 代執行などの行政上の強制執行と、行政罰はその目的を異にするから、同一の義務違反に対し、強制執行と行政罰を併用することは可能である。[H12-9-2] ☞②答○

❑❑❑ 行政罰は、地方公共団体の自主立法である条例によって科すことはできない。[H10-36-3] ☞③答×

❑❑❑ A市においては、地域の生活環境の整備を図るために、繁華街での路上喫煙を禁止し、違反者には最高20万円の罰金もしくは最高５万円の過料のいずれかを科することを定めた条例を制定した。本条例に基づく罰金は、行政刑罰に当たるものであり、非訟事件手続法の定めに基づき裁判所がこれを科する。[H25-22-2] ☞⑥答×

❑❑❑ 正当な理由なく転入届を所定の期間内にしなかった者に科される過料は、行政上の秩序罰であり、非訟事件手続法の手続により裁判所により科される。[H26-26-3] ☞⑦⑧答○

❑❑❑ 法令上の義務に違反した者について、その氏名や違反事実を公表することは、義務違反に対する制裁と解されるので、行政手続法上、聴聞の対象となる。[H23-8-4] ☞⑪答×

❑❑❑ 義務違反に対する課徴金の賦課は、一種の制裁であるから、罰金などの刑罰と併科することは二重処罰の禁止に抵触し、許されない。[H23-8-5] ☞⑬答×

---

14 即時強制と行政調査

必ず出る！基礎知識 目標5分で覚えよう

1 行政上の即時強制

①行政上の即時強制は、予め国民に義務を課すことなく実力を加え、行政上の必要な状態を作り出す作用である。
②火災の発生現場で、消防士が延焼の危険のある近隣の家屋を破壊して延焼を防止する行為は、即時強制である。
③公道上で熟睡している泥酔者の安全を確保するため、警察署に運び保護する行為も、即時強制である。
④即時強制には根拠規範が不可欠だが、条例でもよい。
⑤法律の根拠があれば、即時強制において、身体に必要最小限度の実力を行使することもできる。

2 行政調査

⑥行政調査は、行政機関が行政目的達成のために必要な資料を収集する行為であり、税務調査が代表例である。
⑦税務調査の質問検査権を犯罪捜査に用いてはならない。
⑧税務調査の質問検査権の行使に令状は必要ない。
⑨食品衛生法に基づき、保健所職員が飲食店に対して行う調査も、行政調査である。
⑩警察官職務執行法の職務質問に付随して行う所持品検査は、所持人の承諾を得て行うのが原則である。
⑪捜索に至らない程度の所持品検査は、強制にわたらない限り、所持人の承諾なしでも、許容される場合がある。
⑫自動車検問は、任意の協力を求める形で行われ、自動車利用者の自由を不当に制約しない限り適法である。
⑬行政調査には、行政手続法は適用されない。
⑭相手方の抵抗を排する強制調査には、法律の根拠が必要である。罰則を設けるにも、同様である。

学習日	月　日	月　日	月　日	月　日
正答数	／6	／6	／6	／6
解答時間	分	分	分	分

出た過去問！出る予想問！ 目標2分で答えよう

❑❑❑ 即時強制とは、非常の場合または危険切迫の場合において、行政上の義務を速やかに履行させることが緊急に必要とされる場合に、個別の法律や条例の定めにより行われる簡易な義務履行確保手段をいう。[R1-8-1] ☞①④答×

❑❑❑ 火災の発生現場において消防士が、延焼の危険のある近隣の家屋を破壊してそれ以上の延焼を防止する行為は、即時強制である。[H16-10-オ] ☞②答○

❑❑❑ 税務調査の質問・検査権限は、犯罪の証拠資料の収集などの捜査のための手段として行使することも許される。[H20-26-5] ☞⑦答×

❑❑❑ 保健所職員が行う飲食店に対する食品衛生法に基づく調査の手続は、行政手続法の定めるところに従って行わなければならない。[H20-26-1] ☞⑨⑬答×

❑❑❑ 警察官職務執行法上の職務質問に付随して行う所持品検査は、検査の必要性、緊急性の認められる場合には、相手方への強制にわたるものであっても適法である。[H26-10-イ] ☞⑪答×

❑❑❑ 法律の規定を設ければ、行政調査に応じなかったことを理由として、刑罰を科すなど、相手方に不利益を課すことも許される。[H26-10-ウ] ☞⑭答○

15 行政契約と行政計画

必ず出る！基礎知識 目標5分で覚えよう

1 行政契約

①行政主体が行政目的実現のため締結する契約を**行政契約**という。

②水道水の供給は、**給水契約**に基づいて行われている。

③地方公共団体による補助金の交付は、**負担付贈与契約**とされている。

④**公害防止協定**も契約であり、法的拘束力がある。

⑤**行政契約**は、法律が特に禁止する趣旨でない限り、法律の根拠がなくても、締結できる。

⑥行政契約も、**法律の優位**に服し、制定法や法の一般原理に違反することは許されない。

⑦行政契約も契約であり、原則として**民法**が適用される。

⑧**地方自治法の制限**に違反して随意契約を締結しても、私法上当然に無効となるわけではない。

2 行政計画

⑨行政目標とそのための諸施策を体系的に提示したものを**行政計画**という。

⑩私人の権利行使を制限する効果のある行政計画（**拘束的計画**）には、法律の根拠が必要である。

⑪**土地区画整理事業**の事業計画の決定は、取消訴訟の対象となる。

⑫**行政計画の変更**によって信頼を不当に破壊された国民は、損害賠償を請求できる。

⑬行政計画の決定・変更の**司法審査**は、重大な事実誤認に加え、評価の合理性や考慮すべき事情も対象となる。

学習日	月　日	月　日	月　日	月　日
正答数	／6	／6	／6	／6
解答時間	分	分	分	分

出た過去問！出る予想問！ 目標2分で答えよう

❑❑❑ 水道事業者である地方公共団体と利用者との給水に関わる法律関係は、水道法上、水道の使用許可処分ではなく、給水契約の締結によることとされている。[H20-10-5]　☞②答○

❑❑❑ 地方公共団体による補助金交付の法律関係については、地方自治法の規定により、贈与契約の締結ではなく、長による交付決定によることとされている。[H20-10-4]　☞③答×

❑❑❑ 地方公共団体が事業者との間で締結する公害防止協定については、公法上の契約に該当すると解されるので、根拠となる条例の定めがない限り、当該協定に法的拘束力は生じない。[H25-10-3]　☞④答×

❑❑❑ 地方公共団体による公共工事の請負契約については、入札手続などの地方自治法の規定が適用されるから、民法の請負契約の規定は適用されない。[H20-10-1]　☞⑦答×

❑❑❑ 地方公共団体が、地方自治法上、随意契約によることができない場合であるにもかかわらず、随意契約を行ったとしても、かかる違法な契約は、私法上、当然に無効となるものではない。[H24-9-2]　☞⑧答○

❑❑❑ 計画策定権者に広範な裁量が認められるのが、行政計画の特徴であるので、裁判所による計画裁量の統制は、重大な事実誤認の有無の審査に限られる。[H21-8-3]　☞⑬答×

16 行政手続法(1)

必ず出る！基礎知識 目標5分で覚えよう

1 行政手続法の目的

①行政手続法は、行政運営の公正確保と透明性の向上を図り、国民の権利利益の保護に資することを目的とする。

②行政手続法は、一般法であり、他の法律に特別の定めがある場合には、その定めによる。

2 行政手続法の対象

③行政手続法は、処分、行政指導及び届出に関する手続や命令等を定める手続について定めている。

④公務員に対する職務・身分に関する処分や行政指導には行政手続法の処分や行政指導の規定は適用されない。

⑤外国人の出入国・難民認定・帰化の処分や行政指導には、行政手続法の処分や行政指導の規定は適用されない。

⑥専ら人の学術技能に関する試験・検定の結果についての処分には、行政手続法の処分の規定は適用されない。

⑦職務遂行上必要な情報収集のための処分や行政指導には、行政手続法の処分や行政指導の規定は適用されない。

⑧不服申立てに対する行政庁の裁決・決定には、行政手続法の処分の規定は適用されない。

⑨条例または規則を根拠に地方公共団体の機関がする処分には、行政手続法は適用されない。

⑩地方公共団体の機関がする行政指導には行政手続法は適用されない。地方公共団体等に対する行政指導も同じ。

⑪条例または規則を根拠に、地方公共団体の機関に対して行う届出には、行政手続法は適用されない。

⑫国の機関・地方公共団体がその固有の資格ですべきこととされている届出には、行政手続法は適用されない。

学習日	月　日	月　日	月　日	月　日
正答数	／6	／6	／6	／6
解答時間	分	分	分	分

出た過去問！出る予想問！ 目標2分で答えよう

❏❏❏ 行政手続法は、行政運営における公正の確保と透明性の向上を図り、もって国民の権利利益の保護に資することを目的とする。[H21-12-2] ☞①答○

❏❏❏ 行政手続法の規定が適用除外される事項は、同法に定められているので、個別の法律により適用除外とされるものはなく、個別の法律に同法と異なる定めがあっても同法の規定が優先して適用される。[H26-13-5] ☞②答×

❏❏❏ 行政手続法には、行政調査の手続に関する通則的な規定は置かれておらず、また、同法は、情報収集を直接の目的とする処分・行政指導には適用されない。[H26-10-ア] ☞③⑦答○

❏❏❏ 外国人の出入国、難民の認定または帰化に関する処分には、行政手続法の処分に関する規定は適用されない。[H13-12-ア] ☞⑤答○

❏❏❏ 地方公共団体の機関が国の行政機関から委任を受けて行政指導を行う場合、行政手続法の定める行政指導手続に関する規定は、この行政指導の手続には適用されない。[H30-12-5] ☞⑩答○

❏❏❏ 地方公共団体の機関が、その固有の資格においてすべきこととされている届出には、行政手続法上の届出に関する規定の適用はない。[H20-13-エ] ☞⑫答○

17 行政手続法(2)

必ず出る！基礎知識 目標5分で覚えよう

1 申請の処理

①申請とは、法令に基づき、許認可等の自己の利益になる処分を求める行為で行政庁に諾否応答義務があるもの。
②申請がその事務所に到達した場合、行政庁は、遅滞なく審査を開始しなければならない。
③行政庁は、申請の判断に必要な審査基準を許認可等の性質に照らしできる限り具体的に定めなければならない。
④審査基準は、行政上特別の支障がない限り、事務所への備付けなどの適当な方法で公にしなければならない。
⑤審査基準は、行政規則であり、法規命令ではない。審査基準に違反しても、当然に違法となるわけではない。
⑥行政庁は、申請の到達時から処分までの標準処理期間を定めるように努めなければならない。
⑦定めた標準処理期間は、公にしなければならないが、これを超えても、処分の見通し等の通知は不要である。
⑧行政庁は、申請者の求めに応じ、審査の進行状況や処分の時期の見通しを示すよう努めなければならない。
⑨行政庁は、求めに応じ、申請書の記載や添付書類など申請に必要な情報の提供に努めなければならない。
⑩申請人以外の者の利害を考慮すべき場合、行政庁には、必要に応じ、公聴会などで意見を聴く努力義務がある。

2 申請に対する処分

⑪形式上の要件に適合しない申請は、相当の期間を定めて補正を求めるか、許認可等を拒否する必要がある。
⑫拒否処分を行うには、理由を示さなければならない。
⑬行政庁は条件を付して許認可等を与えることもできる。

学習日	月　日	月　日	月　日	月　日
正答数	／6	／6	／6	／6
解答時間	分	分	分	分

出た過去問！出る予想問！ 目標2分で答えよう

❑❑❑ 行政庁は、申請がその事務所に到達したときは、遅滞なく当該申請の審査を開始しなければならない。[H25-12-1] ☞②答○

❑❑❑ 行政庁が審査基準を公にすることは努力義務に過ぎないことから、行政庁Ｙが審査基準を公にしなかったことも違法とはならない。[H26-12-2] ☞④答×

❑❑❑ 申請に対する処分について、申請がその事務所に到達してから当該申請に対する処分をするまでに通常要すべき標準的な期間を定めることは、担当行政庁の努力義務にとどまり、義務とはされていない。[H28-12-1] ☞⑥答○

❑❑❑ 申請に対する処分について、公聴会の開催その他の適当な方法により利害関係人の意見を聴く機会を設けるべきことは、担当行政庁の努力義務にとどまり、義務とはされていない。[H28-12-2] ☞⑩答○

❑❑❑ 行政庁は、申請の形式上の要件に適合しない申請については、補正を求めなければならず、ただちにこれを拒否してはならない。[H28-13-1] ☞⑪答×

❑❑❑ 行政庁は、申請により求められた許認可等を拒否する処分をする場合は、申請者に対し、同時に当該処分の理由を提示しなければならない。[H28-13-2] ☞⑫答○

---

18 行政手続法(3)

必ず出る！基礎知識 目標5分で覚えよう

1 不利益処分の手続

①許認可等の申請の**拒否処分**や行政指導に従わない場合の事実の公表は、不利益処分に当たらない。

②行政庁は、不利益処分の**処分基準**をできる限り具体的に定め、公にするように努めなければならない。

③不利益処分をするには、緊急の場合などを除き、**聴聞**または弁明の機会により意見を陳述させる必要がある。

④許認可等の**取消し**または撤回など、行政手続法所定の事由に当たる場合は、聴聞を行わなければならない。

⑤不利益処分と同時に**理由**を示すのが原則である。不利益処分が書面なら、理由も書面で示す必要がある。

2 聴聞と弁明

⑥聴聞を行うには、処分の名宛人となる者に処分内容・期日・場所等を**書面**で通知しなければならない。

⑦聴聞の期日における審理は、**非公開**が原則である。

⑧聴聞は、行政庁指名の**職員**など政令で定める者が主宰。

⑨聴聞の通知を受けた者は、**代理人**を選任できる。また、出頭に代えて、陳述書や証拠書類等を提出できる。

⑩当事者や利益を害される参加人は、聴聞の通知時から終結までの間、事実を証する資料の**閲覧**を請求できる。

⑪行政庁は、主宰者作成の**聴聞調書**や報告書を十分に参酌して、不利益処分を決定しなければならない。

⑫当事者や参加人は、調書や報告書の**閲覧**を請求できる。

⑬行政手続法の聴聞の規定に基づいてした処分またはその不作為には、**審査請求**ができない。

⑭**弁明の機会**は、処分の相手方のみに与えられる。弁明は、書面の提出によって行うのが原則である。

学習日	月　日	月　日	月　日	月　日
正答数	／6	／6	／6	／6
解答時間	分	分	分	分

出た過去問！出る予想問！ 目標2分で答えよう

□□□ 申請に対して拒否処分を行う場合は、行政手続法上、不利益処分に該当するので、弁明の機会の付与を行わなければならない。[H21-11-5] ☞①答×

□□□ 不利益処分について、処分基準を定め、かつ、これを公にしておくことは、担当行政庁の努力義務にとどまり、義務とはされていない。[H28-12-3] ☞②答○

□□□ 聴聞手続は行政庁の通知によって開始される。通知文書には、予定される不利益処分の内容、聴聞期日、場所等が必ず記載されていなければならない。[H17-11-1] ☞⑥答○

□□□ 行政庁は、不利益処分の決定をするときは、調書の内容および報告書に記載された聴聞の主宰者の意見を十分に参酌してこれをしなければならない。[H29-13-5] ☞⑪答○

□□□ 聴聞において、当事者が利害関係者の参加を求めたにもかかわらず、行政庁がこれを不許可とした場合には、行政不服審査法に基づく審査請求をすることができる。[H21-11-4 改] ☞⑬答×

□□□ 弁明の機会の付与における弁明は、行政庁が弁明を記載した書面ですることを認めたときを除き、口頭で行うものとされている。[H23-11-4] ☞⑭答×

19 行政手続法(4)

必ず出る！基礎知識 目標5分で覚えよう

1 行政指導の限界

①行政指導に法的拘束力はなく、法律の根拠は必要ない。
②行政指導に携わる者は、その行政機関の任務または所掌事務の範囲を逸脱してはならない。
③行政手続法でいう行政指導とは、特定の者に一定の作為または不作為を求めるものをいう。
④行政指導に従わないことを理由に不利益な取扱いをしてはならない。
⑤行政指導に従わないと表明後に、申請の取下げまたは内容の変更を求める行政指導を継続してはならない。
⑥拒否処分が許されない場合に、拒否しうるとして申請の取下げを求める行政指導は、違法な行政指導である。
⑦法令違反の是正を求める行政指導が法律の要件に適合しないと思われる場合、相手方は中止等の申出ができる。

2 行政指導の方式

⑧行政指導をする際には、行政指導の趣旨、内容及び責任者を明確に示さなければならない。
⑨行政指導は、相手方から書面の交付を求められない限り、口頭でできる。
⑩行政上特別の支障がある場合や文書で通知済みの事項と同一の場合などには、書面を求められても拒否できる。
⑪複数の者に対して行政指導をするには、予め共通する内容（行政指導指針）を定める必要がある。
⑫行政指導指針は、行政上特別の支障がない限り、公表しなければならない。

学習日	月　日	月　日	月　日	月　日
正答数	／5	／5	／5	／5
解答時間	分	分	分	分

● 出た過去問！出る予想問！ 目標2分で答えよう ●

❏❏❏ 行政指導は、行政機関がその任務または所掌事務の範囲内において一定の行政目的を実現するため一定の作為または不作為を求める指導、勧告、助言その他の行為であって処分に該当しないものをいい、その相手方が特定か不特定かは問わない。
[R1-11-2] ☞②③答×

❏❏❏ 申請拒否処分が許されない場合において、それをなしうるとして申請の取下げを求める行政指導は、違法な行政指導である。[H20-12-5] ☞⑥答○

❏❏❏ 法令に違反する行為の是正を求める行政指導（その根拠となる規定が法律に置かれているものに限る。）の相手方は、当該行政指導が法律所定の要件に適合しないと思料する場合、当該行政指導をした行政機関に対し、その旨を申し出て、当該行政指導の中止を求めることができる。[H30-12-4]
☞⑦答○

❏❏❏ 行政指導について、その相手方に対して、当該行政指導の趣旨および内容ならびに責任者を示すことは、当該行政指導の業務に携わる者の努力義務にとどまり、義務とはされていない。[H28-12-4]
☞⑧答×

❏❏❏ 行政指導指針は、行政機関がこれを定めたときは、行政上特別の支障がない限り、公表しなければならない。[R1-13-ア] ☞⑫答○

20 行政手続法(5)

必ず出る! 基礎知識 目標5分で覚えよう

1 届　出

①届出とは、法令により直接義務付けられた行政庁への通知をいう。

②法令の定めた形式的要件に適合していれば、提出先の事務所到達時に、届出義務は履行されたことになる。

2 意見公募手続

③命令等を定めようとする場合、原則として意見公募手続を実施しなければならない。

④命令等とは、法律に基づく命令または規則・申請の審査基準・不利益処分の処分基準・行政指導指針をいう。

⑤他の行政機関が意見公募手続を実施して定めた命令等と実質的に同一の場合には、意見公募手続は不要である。

⑥委員会等の議を経る命令等について、委員会等が意見公募手続に準じた手続を実施した場合も、不要である。

⑦意見を提出できる者について特に制限はなく、何人も意見を提出できる。

⑧意見提出期間は、30日以上でなければならないが、やむを得ない理由があれば、30日を下回ることができる。

⑨意見公募手続を実施して命令等を定めた場合、公布と同時期に提出意見やその結果などを公示する必要がある。

⑩提出意見は、整理または要約したものを公示できる。

⑪提出意見が全く存在しなかった場合には、その旨を公示する必要がある。

⑫意見公募手続を実施したにもかかわらず、命令等を定めないことにした場合も、その旨などの公示が必要である。

学習日	月　日	月　日	月　日	月　日
正答数	／6	／6	／6	／6
解答時間	分	分	分	分

出た過去問！出る予想問！ 目標2分で答えよう

□□□ 届出書の記載事項に不備がある場合であっても、届出がなされた以上は、届出義務は尽くされたことになる。[H20-13-ウ]
☞②答×

□□□ 行政指導指針は、行政庁が任意に設定するものであり、また法的な拘束力を有するものではないため、行政指導指針を定めるに当たっては、意見公募手続を実施する必要はない。[H30-13-5]
☞③④答×

□□□ 命令等制定機関は、命令等を定めようとする場合において、委員会等の議を経て命令等を定める場合であって、当該委員会等が意見公募手続に準じた手続を実施したときには、改めて意見公募手続を実施する必要はない。[H30-13-3]
☞⑥答○

□□□ 意見公募手続において意見を提出できる者については、特段の制限はなく、命令等との利害関係などとは関わりなく、何人でも意見を提出できる。[H22-11-3]
☞⑦答○

□□□ 意見提出の期間は行政手続法で法定されており、これを下回る期間を定めることは認められていない。[H22-11-4]
☞⑧答×

□□□ 意見公募手続を実施して命令等を定めた場合には、当該命令等の公布と同時期に、結果を公示しなければならないが、意見の提出がなかったときは、その旨の公示は必要とされない。[H27-11-2]
☞⑪答×

行政不服審査法(1)

必ず出る！基礎知識　目標5分で覚えよう

1 行政不服審査制度

①行政不服審査の目的は、簡易迅速かつ公正な手続による国民の**権利利益救済**と、行政の適正な運営確保である。

②行政不服審査は、**不当**か否かについても、判断される。

③行政不服審査の対象は、行政庁の処分と**不作為**である。

④**不作為**とは、法令に基づく申請に対して何らの処分をもしないことをいう。

⑤地方公共団体に置かれる行政不服審査機関の組織及び運営に関する事項は、**条例**で定める。

2 審査請求と再調査の請求

⑥**一般概括主義**が採用され、原則として全ての処分・不作為について審査請求ができる。

⑦国会の議決に基づく処分や**外国人の出入国**・帰化に関する処分など、審査請求できないものもある。

⑧行政不服審査法が審査請求を禁止する処分・不作為について、個別の法令で**特別な不服申立て**を認めてもよい。

⑨**不作為**に対する審査請求は、法令に基づく申請から相当の期間が経過しても、不作為がある場合にできる。

⑩審査請求先が処分庁以外の行政庁の場合、法が認めていれば、審査請求の前に処分庁に**再調査の請求**ができる。

⑪再調査の請求をした場合、その**決定**を経た後でなければ、審査請求できないのが原則である。

⑫審査請求などのできる処分を**書面**でする場合、相手方に書面で請求できる旨・請求先・請求期間の教示が必要。

⑬利害関係人が請求の可否などの教示を求めた場合に行政庁が行う教示は、**口頭**でもよいのが原則である。

学習日	月　日	月　日	月　日	月　日
正答数	／6	／6	／6	／6
解答時間	分	分	分	分

出た過去問！出る予想問！ 目標2分で答えよう

❑❑❑ 行政不服審査法における「不作為」には、申請が法令に定められた形式上の要件に適合しないとの理由で、実質的審査を経ずに拒否処分がなされた場合も含まれる。[H20-15-2]

☞④答×

❑❑❑ 地方公共団体におかれる行政不服審査機関の組織及び運営に必要な事項は、当該地方公共団体の条例でこれを定める。[R1-16-5]

☞⑤答○

❑❑❑ 行政庁の処分に不服がある者は、当該処分が法律上適用除外とされていない限り、当該処分の根拠となる法律に審査請求をすることができる旨の定めがないものについても、審査請求をすることができる。[R1-15-5]

☞⑥答○

❑❑❑ 外国人の出入国に関する処分は、不服申立ての対象とならない。[H17-14-イ]

☞⑦答○

❑❑❑ 個別の法律により再調査の請求の対象とされている処分は、行政不服審査法に基づく審査請求の対象とはならない。[H29-14-5]

☞⑩⑪答×

❑❑❑ 処分庁は、審査請求ができる処分をするときは、処分の相手方に対し、審査請求ができる旨、審査請求すべき行政庁、審査請求期間、審査請求書に記載すべき事項を教示しなければならない。[H26-15-ア改]

☞⑫答×

22 行政不服審査法(2)

必ず出る！基礎知識 目標5分で覚えよう

1 審査請求の方法

①審査請求先は、処分庁・不作為庁の最上級行政庁が原則。
②上級行政庁がなければ、処分庁・不作為庁に審査請求。
③処分の相手方に限らず、直接権利利益を侵害された者・必然的に侵害されるおそれのある者は審査請求できる。
④不作為に対して審査請求ができるのは、法令に基づき行政庁に処分の申請を行った者だけである。
⑤代理人によって審査請求ができる。ただし、審査請求の取下げには、特別の委任が必要である。
⑥審査請求は、書面で行うのが原則である。ただし、法律または条例が認めていれば、口頭でもできる。
⑦審査請求先が処分庁・不作為庁でない場合も、処分庁等経由で審査請求ができる。
⑧処分庁等経由の場合、処分庁等に審査請求書提出または所定事項陳述の時に審査請求があったとみなされる。
⑨処分に対する審査請求は、処分のあったことを知った日の翌日から起算して3か月以内に行わなければならない。
⑩不作為に対する審査請求は不作為が続く限りできる。
⑪誤った教示により請求先を誤っても、審査請求書は、審査庁に送付され、適法な請求があったとみなされる。

2 審査請求と処分の執行停止

⑫審査請求や再調査の請求は、処分の効力等を停止しない。
⑬処分庁の上級行政庁または処分庁である審査庁は、申立てにより、または職権で、停止などの措置をとれる。
⑭処分の効力停止措置は、他の措置では目的を達成できない場合に限る。

学習日	月　日	月　日	月　日	月　日
正答数	／6	／6	／6	／6
解答時間	分	分	分	分

出た過去問！出る予想問！ 目標2分で答えよう

❑❑❑ 審査請求人は、国の機関が行う処分について処分庁に上級行政庁が存在しない場合、特別の定めがない限り、行政不服審査会に審査請求をすることができる。[H29-15-2]

☞②答×

❑❑❑ 審査請求は、行政の適正な運営を確保することを目的とするため、対象となる処分に利害関係を有さない者であっても、不服申立てができる期間であれば、これを行うことができる。[H27-15-3]

☞③答×

❑❑❑ 不作為についての審査請求は、当該処分についての申請をした者だけではなく、当該処分がなされることにつき法律上の利益を有する者がなすことができる。[H30-14-1]

☞④答×

❑❑❑ 審査請求人の代理人は、特別の委任がなくても、審査請求人に代わって審査請求の取下げをすることができる。[H29-15-4]

☞⑤答×

❑❑❑ 不服申立ては、他の法律や条例において書面でしなければならない旨の定めがある場合を除き、口頭ですることができる。[H22-14-1]

☞⑥答×

❑❑❑ 処分庁の上級行政庁または処分庁が審査庁である場合には、処分の執行の停止によって目的を達することができる場合であっても、処分の効力の停止をすることができる。[H29-16-5]

☞⑭答×

23 行政不服審査法(3)

必ず出る！基礎知識 目標5分で覚えよう

1 審査請求の審理

①審査請求書に不備があれば、相当の期間を定めて補正を命じる必要がある。補正されなければ、却下できる。

②審理手続は、審査庁が指名した審理員が行う。

③審査庁となるべき行政庁は標準審理期間を定めるように努め、定めた場合は適当な方法で公にする必要がある。

④利害関係人は、審理員の許可を得て参加できる。

⑤書面審理が原則。ただし、申立てあれば、審査請求人・参加人に口頭で意見を述べる機会を与える必要がある。

⑥審査請求人が死亡したときは、相続人など法令により権利を承継した者が、審査請求人の地位を承継する。

⑦審理手続が終結した場合、審理員は遅滞なく審理員意見書を作成し、速やかに審査庁に提出する必要がある。

⑧審理員意見書の提出を受けた審査庁が主任の大臣等の場合、原則として行政不服審査会に諮問する必要がある。

2 裁　決

⑨不適法なら却下、理由がなければ棄却裁決を行う。

⑩処分の審査請求に理由があれば、認容裁決により処分を取り消す。

⑪審査庁が処分庁・上級行政庁なら、処分の変更もできる。ただし、請求人に不利益な変更はできない。

⑫取消し等が公共の福祉に適合しない場合、処分の違法・不当を宣言するが請求は棄却という事情裁決ができる。

⑬不作為の審査請求に理由がある場合、審査庁が不作為庁なら行うべき処分をし、上級行政庁ならそれを命ずる。

⑭裁決は審査庁が記名押印した裁決書で行う。

学習日	月　日	月　日	月　日	月　日
正答数	／6	／6	／6	／6
解答時間	分	分	分	分

出た過去問！出る予想問！ 目標2分で答えよう

❑❑❑ 審理員による審理手続は、処分についての審査請求においてのみなされ、不作為についての審査請求においてはなされない。[H28-15-1] ☞②答×

❑❑❑ 審査庁となるべき行政庁は、必ず標準審理期間を定め、これを当該審査庁となるべき行政庁および関係行政庁の事務所における備付けその他の適当な方法により公にしておかなければならない。[H30-15-イ] ☞③答×

❑❑❑ 審理員は、審査請求人または参加人の申立てがあった場合において、審理の進行のため必要と認めるときに限り、当該申立てをした者に、口頭で意見を述べる機会を与えることができる。[H30-15-ウ] ☞⑤答×

❑❑❑ 処分についての審査請求が不適法である場合や、審査請求が理由がない場合には、審査庁は、裁決で当該審査請求を却下するが、このような裁決には理由を記載しなければならない。[H28-16-1] ☞⑨答×

❑❑❑ 処分についての審査請求の裁決には、行政事件訴訟法の定める事情判決と同様の事情裁決の制度があるが、事情裁決が行われるのは、処分が違法である場合に限られ、処分が不当である場合には行われない。[H27-14-5] ☞⑫答×

❑❑❑ 裁決は、書面ですることが原則であるが、緊急を要する場合は、口頭ですることも許される。[H21-14-3] ☞⑭答×

24 行政事件訴訟法(1)

必ず出る！基礎知識 目標5分で覚えよう

1 行政事件訴訟の種類

①行政事件訴訟には、抗告訴訟・当事者訴訟・民衆訴訟・機関訴訟の4種類がある。

②民衆訴訟は、専ら法規に適合しない国または公共団体の機関の行為の是正を求めるものである。

③選挙の効力に関する訴訟は、民衆訴訟である。

2 抗告訴訟

④抗告訴訟は処分の取消し・裁決の取消し・無効等確認・不作為の違法確認・義務付け・差止めの各訴えである。

⑤再調査の請求に対する決定の取消しを求める訴えは、裁決の取消しの訴えである。

⑥処分の審査請求が棄却された場合、原処分の違法性を主張するには、処分の取消しの訴えを提起しなければならないのが原則である（原処分主義）。

⑦特別法で裁決の取消しの訴えだけを認めている場合は、原処分を行う際に、その旨を教示しなければならない。

3 当事者訴訟

⑧国民と行政主体が公法上の法律関係について争う訴訟を、当事者訴訟という。

⑨公法上の法律関係について、国民と国・公共団体が対等な立場で争う訴訟を実質的当事者訴訟という。

⑩日本国籍の確認の訴えは、実質的当事者訴訟である。

⑪処分・裁決に関する訴訟のうち、法令が処分等によって確認・形成された法律関係の一方当事者を被告とすると定めている訴訟を形式的当事者訴訟という。

⑫土地所有者が起業者に対して提起する土地収用の補償金額増額請求訴訟は、形式的当事者訴訟である。

学習日	月　日	月　日	月　日	月　日
正答数	／6	／6	／6	／6
解答時間	分	分	分	分

出た過去問！出る予想問！ 目標2分で答えよう

❑❑❑ 民衆訴訟とは、国または公共団体の機関相互間における権限の存否またはその行使に関する訴訟であり、原告は、自己の法律上の利益にかかわらない資格で提起することができる。[H28-17-オ]

☞②答×

❑❑❑ 「裁決の取消しの訴え」については、審査請求に対する裁決のみが対象とされており、再調査の請求に対する決定は、「処分の取消しの訴え」の対象とされている。[H29-18-4] ☞⑤答×

❑❑❑ 原処分ではなく裁決に対してのみ取消訴訟を認める旨の定めがある場合に、当該原処分を行う際には、その定めがある旨を教示しなければならない。[H18-19-3]

☞⑦答○

❑❑❑ 国に対して日本国籍を有することの確認を求める訴えを提起する場合、この確認の訴えは実質的当事者訴訟に該当する。[H23-18-3] ☞⑩答○

❑❑❑ 当事者間の法律関係を確認しまたは形成する処分に関する訴訟で法令の規定によりその法律関係の当事者の一方を被告とするものは、当事者訴訟である。[H21-18-1] ☞⑪答○

❑❑❑ 土地収用法に基づく都道府県収用委員会による収用裁決において示された補償額の増額を求める土地所有者の訴えは、抗告訴訟に当たる。[H22-16-イ]

☞⑫答×

25 行政事件訴訟法(2)

● 必ず出る！基礎知識 目標5分で覚えよう ●

1 抗告訴訟（第一審）の管轄裁判所

①被告の普通裁判籍の所在地、または、処分・裁決をした行政庁の所在地を管轄する地方裁判所が原則である。

②国などが被告の場合には、原告の普通裁判籍の所在地を管轄する高等裁判所の所在地を管轄する地方裁判所にも、取消訴訟を提起できる。

2 取消訴訟の提起

③原告適格は、取消しを求めることに法律上の利益のある者に認められる。処分・裁決の相手方に限らない。

④原状回復が不可能な場合には、訴えの利益がない。

⑤期間の経過・事後措置により処分が効力を失い、回復すべき法律上の利益がなくなった場合も、訴えの利益がない。

⑥公文書の非公開決定の取消しを求める訴えの利益は、その公文書が書証として提出されても、消滅しない。

⑦建築物の建築工事が完了すると、建築確認の取消しを求める訴えの利益はなくなる。

⑧被告は、原則として処分・裁決を行った行政庁が所属する国・公共団体である。

⑨行政庁が国・公共団体に所属しない場合は、その行政庁が被告となる。

⑩審査請求が認められていても、審査請求前置主義が採用されていなければ、直ちに取消訴訟を提起できる。

⑪正当な理由がない限り、取消訴訟は、処分・裁決があったことを知った日から６か月以内に提起する必要がある。

⑫取消訴訟を提起できる場合、行政庁は、処分等の相手方に被告・出訴期間などを書面で教示する必要がある。

学習日	月　日	月　日	月　日	月　日
正答数	／7	／7	／7	／7
解答時間	分	分	分	分

出た過去問！出る予想問！ 目標2分で答えよう

❑❑❑ 取消訴訟は、原告の普通裁判籍の所在地を管轄する地方裁判所にも提起することができる。［H22-17-ア］
☞①答×

❑❑❑ 国を被告とする取消訴訟は、原告の普通裁判籍の所在地を管轄する高等裁判所の所在地を管轄する地方裁判所にも提起することができる。［H22-17-オ］
☞②答○

❑❑❑ 「裁決の取消しの訴え」について、原告適格が認められるのは、裁決の相手方である審査請求人に限られ、それ以外の者には、原告適格は認められない。［H29-18-2］
☞③答×

❑❑❑ 保安林指定解除処分の取消しを求める利益は、洪水の危険を解消するために代替施設が設置されたとしても失われない。［H20-17-2］
☞⑤答×

❑❑❑ 公文書の非公開決定の取消しを求める利益は、当該公文書が裁判所に書証として提出された場合でも失われない。［H26-18-3］
☞⑥答○

❑❑❑ 国の行政庁がした処分に関する取消訴訟の被告は、国である。［H21-16-ア］
☞⑧答○

❑❑❑ 処分をした行政庁が国または公共団体に所属しない場合は、取消訴訟は、当該行政庁を被告として提起しなければならない。［R1-18-1］
☞⑧⑨答○

26 行政事件訴訟法(3)

必ず出る！基礎知識 目標5分で覚えよう

1 執行停止

①取消訴訟が提起されても、処分や裁決の効力は維持され、その執行または手続を続けることができる。

②重大な損害を避けるため緊急の必要がある場合、取消訴訟の提起者の申立てにより、裁判所は、予め当事者の意見をきいたうえで処分や裁決の執行停止ができる。

③処分や裁決の効力の停止は、処分や裁決の執行または手続の続行の停止では目的を達成できない場合に限る。

④公共の福祉に重大な影響を及ぼすおそれがある場合や本案に理由がないとみえる場合、執行停止はできない。

⑤やむを得ない場合、内閣総理大臣は、裁判所に理由を付して執行停止の申立てへの異議を述べることができる。

⑥執行停止の決定後も、その決定をした裁判所に異議を述べることができる。

⑦異議は絶対的拒否権であり、裁判所は執行停止ができなくなる。また、執行停止の決定を取り消す必要がある。

⑧異議を述べた場合、内閣総理大臣は、次の常会において国会に報告しなければならない。

2 取消訴訟の審理

⑨口頭弁論をしなければならないのが原則である。

⑩必要があれば、裁判所は職権で証拠調べができるが、その結果について当事者の意見を聞かなければならない。

⑪裁判所は、申立てにより、または職権で利害のある第三者を訴訟に参加させることができる。

⑫裁判所は、申立て、または職権で、処分・裁決をした行政庁以外の行政庁を訴訟に参加させることができる。

学習日	月　日	月　日	月　日	月　日
正答数	／6	／6	／6	／6
解答時間	分	分	分	分

出た過去問！出る予想問！ 目標2分で答えよう

❑❑❑ 「裁決の取消しの訴え」については、「処分の取消しの訴え」における執行停止の規定は準用されていないから、裁決について、執行停止を求めることはできない。[H29-18-5]
☞②答×

❑❑❑ 執行停止の決定は、償うことができない損害を避けるための緊急の必要がある場合でなければ、することができない。[R1-17-3]
☞②答×

❑❑❑ 内閣総理大臣の異議は、裁判所による執行停止決定の後に述べなければならず、決定を妨げるために決定以前に述べることは許されない。[H23-17-1]
☞⑤⑥答×

❑❑❑ 内閣総理大臣の異議が執行停止決定に対して述べられたときは、その理由の当否について裁判所に審査権限はなく、裁判所は、必ず決定を取り消さなければならない。[H23-17-3]
☞⑦答○

❑❑❑ 取消訴訟の審理は、書面によることが原則であり、当事者から口頭弁論の求めがあったときに限り、その機会を与えるものとされている。[H25-18-5]
☞⑨答×

❑❑❑ 裁判所は、必要であると認めるときは、職権で、処分をした行政庁以外の行政庁を訴訟に参加させることができるが、その行政庁から申し立てることはできない。[H27-18-エ]
☞⑫答×

27 行政事件訴訟法(4)

必ず出る！基礎知識 目標5分で覚えよう

1 請求の追加的併合と訴えの変更

①取消訴訟の口頭弁論終結前であれば、原告は、関連請求についての訴えを追加し、併合させることができる。

②口頭弁論終結前なら、請求の基礎に変更がない限り、取消訴訟の目的である請求を損害賠償請求に変更できる。

2 取消訴訟の終了

③請求に理由がない場合、裁判所は、棄却判決を行い、請求を排斥する。

④請求に理由がある場合、裁判所は、請求の認容判決を行い、処分・裁決を取り消す。

⑤請求に理由があっても、取り消すことが公共の福祉に適合しない場合、裁判所は、主文で処分・裁決が違法であると宣言しつつ、請求を棄却できる（事情判決）。

⑥認容判決には、形成力があり、処分・裁決の効力は、遡及的に消滅し、当初からなかったことになる。

⑦認容判決には、対世的効力（たいせいてき）があり、第三者にも効力が及ぶ。

⑧認容判決には、拘束力があり、処分・裁決をした行政庁などの関係行政庁を拘束する。

⑨申請の却下・棄却処分が取り消された場合、判決の趣旨に従い、改めて申請に対する処分をする必要がある。

⑩申請に対する処分が手続の違法により取り消された場合も、判決の趣旨に従い、改めて処分をする必要がある。

学習日	月　日	月　日	月　日	月　日
正答数	／7	／7	／7	／7
解答時間	分	分	分	分

出た過去問！出る予想問！ 目標2分で答えよう

❑❑❑ 「処分の取消しの訴え」の地方裁判所係属中に、関連請求として損害賠償請求を追加的に併合するようなことは許されない。[H14-11-3] ☞①答×

❑❑❑ 事情判決は、処分の違法を認める判決であるから、請求認容の判決である。[H20-18-1] ☞⑤答×

❑❑❑ 事情判決は、処分取消しの請求を棄却する判決であるが、その判決理由において、処分が違法であることが宣言される。[H27-16-1] ☞⑤答×

❑❑❑ 申請を認める処分を取り消す判決は、原告および被告以外の第三者に対しても効力を有する。[H30-17-1] ☞⑦答○

❑❑❑ 申請を拒否する処分に対する審査請求の棄却裁決を取り消す判決は、裁決をした行政庁その他の関係行政庁を拘束する。[H30-17-5] ☞⑧答○

❑❑❑ 申請を拒否する処分が判決により取り消された場合、その処分をした行政庁は、当然に申請を認める処分をしなければならない。[H30-17-3] ☞⑨答×

❑❑❑ 申請を認める処分が判決により手続に違法があることを理由として取り消された場合、その処分をした行政庁は、判決の趣旨に従い改めて申請に対する処分をしなければならない。[H30-17-4] ☞⑩答○

---

28 行政事件訴訟法(5)

必ず出る！基礎知識 目標5分で覚えよう

1 無効等確認の訴え

①無効等確認の訴えとは、処分・裁決の存否またはその効力の有無の確認を求める訴訟をいう。

②ある処分または裁決に続く処分により損害を受けるおそれのある者は、無効等確認の訴えを提起できる。

③ある処分または裁決の無効等の確認を求める法律上の利益のある者で、現在の法律関係に関する訴えでは目的を達成できないものも、無効等確認の訴えを提起できる。

④法律上の利益とは、その処分により、自己の権利・法律上保護された利益を侵害され、または必然的に侵害されるおそれのあることをいう。

⑤無効等確認の訴えには、期間による出訴制限はない。

⑥無効等確認の訴えには、審査請求前置の制約もない。

⑦取消訴訟の執行不停止の原則に関する規定は、無効等確認の訴えに準用されている。

2 不作為の違法確認の訴え

⑧不作為の違法確認の訴えとは、行政庁が法令に基づく申請に対し、相当の期間内にすべき何らかの処分・裁決をしないことの違法の確認を求める訴訟をいう。

⑨不作為の違法確認の訴えを提起できるのは、法令に基づき処分または裁決についての申請をした者だけである。

⑩不作為の違法確認の訴えには、出訴期間の制限はない。

⑪訴訟係属中に、行政庁が何らかの処分を行えば、訴えの利益がなくなり、却下される。

学習日	月　日	月　日	月　日	月　日
正答数	／6	／6	／6	／6
解答時間	分	分	分	分

出た過去問！出る予想問！ 目標2分で答えよう

❏❏❏ 無効の行政行為については、客観的に効力が認められないのであるから、その無効を主張する者は、何人でも、無効確認訴訟を提起して、これを争うことができる。[H29-9-4]
☞②③答×

❏❏❏ 取消訴訟、無効確認訴訟ともに、行政上の法関係の早期安定を図るという観点から、出訴期間の定めが置かれているが、その期間は異なる。[H24-16-1]
☞⑤答×

❏❏❏ 無効の行政行為については、当該処分の取消訴訟について、個別法に審査請求前置が規定されていても、直ちに無効確認訴訟を提起することが許される。[H29-9-3]
☞⑥答○

❏❏❏ 執行停止について、取消訴訟においては執行不停止原則がとられているが、無効確認訴訟においては執行停止原則がとられている。[H24-16-3]
☞⑦答×

❏❏❏ 不作為の違法確認訴訟は、処分について申請をした者以外の者であっても、当該不作為の違法の確認を求めるにつき法律上の利益を有する者であれば提起することができる。[H28-17-エ]
☞⑨答×

❏❏❏ 不作為の違法確認訴訟自体には出訴期間の定めはないが、その訴訟係属中に、行政庁が何らかの処分を行った場合、当該訴訟は訴えの利益がなくなり却下される。[H20-16-5]
☞⑩⑪答○

29 行政事件訴訟法(6)

必ず出る！基礎知識 目標5分で覚えよう

1 義務付けの訴え

①義務付けの訴えとは、行政庁に対して処分または裁決をするように命じることを求める訴訟である。

②行政庁が処分をしないと、重大な損害発生のおそれがあり、損害回避のため他に適当な方法がない場合、法律上の利益のある者は義務付けの訴えを提起できる。

③申請型義務付け訴訟は、処分・裁決に係わる取消訴訟、または無効等確認の訴えを併合して提起しなければならない。

2 差止めの訴え

④差止めの訴えとは、行政庁がすべきでない一定の処分・裁決をしようとしている場合に、その処分・裁決をしてはならない旨を命ずることを求める訴訟をいう。

⑤差止めの訴えは、重大な損害を生じるおそれがあり、かつ、損害を避けるため他に適当な方法がない場合に、法律上の利益のある者だけが提起できる。

3 仮の義務付け・仮の差止め

⑥仮の義務付け・仮の差止めには、申立てが必要である。

⑦申立てができるのは、義務付けの訴え・差止めの訴えの提起後である。

⑧仮の義務付け・仮の差止めを命ずるには、償うことのできない損害を避けるため緊急の必要があり、かつ、本案について理由があるとみえる必要がある。

⑨公共の福祉に重大な影響を及ぼすおそれがある場合には、仮の義務付け・仮の差止めはできない。

⑩内閣総理大臣は、仮の義務付け・仮の差止めに対して異議を述べることができる。

学習日	月　日	月　日	月　日	月　日
正答数	／6	／6	／6	／6
解答時間	分	分	分	分

出た過去問！出る予想問！ 目標2分で答えよう

❑❑❑ 申請型と非申請型（直接型）の義務付け訴訟いずれにおいても、一定の処分がされないことによる損害を避けるため「他に適当な方法がないとき」に限り提起できることとされている。[H25-16-3]

☞②③答×

❑❑❑ 行政庁に対して一定の処分を求める申請を拒否された者が、処分の義務付けの訴えを提起する場合、重大な損害を避けるため緊急の必要があるときは、処分の義務付けの訴えのみを単独で提起することができる。[R1-19-5]

☞③答×

❑❑❑ 仮の差止めは、緊急の必要があるときは、本案訴訟である差止めの訴えに先立って、申し立てることができる。[H29-19-4]

☞⑦答×

❑❑❑ 申請型と非申請型（直接型）の義務付け訴訟いずれにおいても、「償うことのできない損害を避けるため緊急の必要がある」ことなどの要件を満たせば、裁判所は、申立てにより、仮の義務付けを命ずることができることとされている。[H25-16-4]

☞⑧答○

❑❑❑ 仮の差止めについては、公共の福祉に重大な影響を及ぼすおそれがあるときは、裁判所は、これを命ずる決定をすることができない。[H29-19-5]

☞⑨答○

❑❑❑ 仮の差止めの申立てについては、執行停止における内閣総理大臣の異議の規定は準用されていない。[H29-19-1]

☞⑩答×

30 国家賠償法(1)

必ず出る！基礎知識 目標5分で覚えよう

1 1条の国家賠償請求

①公権力の行使に当る公務員の不法行為について国または公共団体が責任を肩代わり（代位責任）して損害を賠償する。

②公共団体には、特殊法人なども含まれる。

③公務員の個人責任は追及できない。ただし、公務員に故意または重過失があれば、国等は求償できる。

④国家賠償を求める訴訟は、民事訴訟である。

2 1条の「公権力の行使に当る公務員」

⑤公務員とは、公権力を行使する権限を与えられた者を意味する。公務員という身分のある者に限定されない。

⑥公権力の行使には、公立中学の教師の教育活動も含まれる。学校事故には、国家賠償法1条が適用される。

⑦国公立病院での医療行為は、公権力の行使ではない。

⑧公権力の行使が行政行為でも、国家賠償を求める場合は、予め公定力を排除しておく必要はない。

3 1条の「違法」

⑨違法とは、行為規範に違反することである。

⑩法律の定めに従ったパトカーによる追跡であっても、不相当な方法で行われた場合は、違法である。

⑪権限の不行使も、許容される限度を逸脱し、著しく不合理と認められる場合には、違法である。

⑫国会議員の立法行為は、立法の内容が憲法の一義的文言に違反しているにもかかわらず、敢えて立法行為を行うというような例外的な場合でない限り、違法ではない。

⑬裁判が違法とされるのは、裁判官が与えられた権限の趣旨に背いたと認められる特別の事情がある場合である。

学習日	月　日	月　日	月　日	月　日
正答数	／5	／5	／5	／5
解答時間	分	分	分	分

出た過去問！出る予想問！ 目標2分で答えよう

❑❑❑ その不法行為について国が国家賠償法1条1項により賠償責任を負うのは、国家公務員法上の公務員に限られる。[H21-25-3] ☞⑤ 答 ×

❑❑❑ 公立学校における教師の教育活動も国家賠償法1条1項にいう「公権力の行使」に該当するから、学校事故において、例えば体育の授業において危険を伴う技術を指導する場合については、担当教師の指導において、事故の発生を防止するために十分な措置を講じるべき注意義務が尽くされたかどうかが問題となる。[H30-20-オ] ☞⑥ 答 ○

❑❑❑ 公権力の行使に該当しない公務員の活動に起因する国の損害賠償責任については、民法の規定が適用される。[H25-19-1] ☞⑦ 答 ○

❑❑❑ 行政処分が違法であることを理由として国家賠償請求をするに当たっては、あらかじめ当該行政処分について取消訴訟を提起し、取消判決を得ていなければならないものではない。[H28-10-ウ] ☞⑧ 答 ○

❑❑❑ 国会議員の立法行為（立法不作為を含む。）は、国家賠償法1条の定める「公権力の行使」に該当するものではなく、立法の内容が憲法の規定に違反する場合であっても、国会議員の当該立法の立法行為は、国家賠償法1条1項の適用上違法の評価を受けることはない。[H29-20-4] ☞⑫ 答 ×

31 国家賠償法(2)

必ず出る！基礎知識 目標5分で覚えよう

1 1条の「職務を行うについて」

①公務員の不法行為は、「職務を行うについて」行われる必要がある。客観的に見て職務行為の外形を備えていれば、これに当たる。

②警察官が制服制帽を着用して職務行為を装っている場合には、「職務を行うについて」に当たるとされ得る。

2 1条の加害者・加害行為と賠償責任者

③一連の職務上の過程で他人に損害を発生させた場合、具体的な加害者・加害行為を特定できなくてもよい。

④公務員の選任・監督者と給与等の費用負担者が異なる場合、被害者は、いずれに対しても賠償請求ができる。

3 2条の国家賠償請求

⑤国または公共団体は、公の営造物の設置または管理の瑕疵による損害の賠償責任を負う。

⑥公の営造物とは、国または公共団体が、公用または公共の用に供している有体物である。動産も含まれる。

⑦公の目的に供されていないものは、国が管理していても、公の営造物に含まれない。

⑧国または公共団体の所有物だけでなく、借用物でも、公の営造物に該当するものがある。

⑨道路や公園などの人工公物だけでなく、河川・海浜等の自然公物も、公の営造物に含まれる。

⑩国家賠償法２条は、無過失責任を定めたものであり、管理者の過失は不要である。

⑪不可抗力や被害者の異常な行動を理由とする免責は認められる。また、河川水害では財政的制約も考慮される。

学習日	月　日	月　日	月　日	月　日
正答数	／5	／5	／5	／5
解答時間	分	分	分	分

出た過去問！出る予想問！ 目標2分で答えよう

□□□ 都道府県の警察官が制服制帽を着用して職務行為を装い強盗した場合、被害者に対し当該都道府県が国家賠償責任を負うことがある。[H23-20-エ]

☞②答○

□□□ 同一行政主体に属する数人の公務員による一連の職務上の行為の過程で他人に損害が生じた場合、被害者が国家賠償を請求するためには、損害の直接の原因となった公務員の違法行為を特定する必要がある。[H24-20-5]

☞③答×

□□□ Ａ県内のＢ市立中学校に在籍する生徒Ｘは、Ａ県が給与を負担する同校の教師Ｙによる監督が十分でなかったため、体育の授業中に負傷した。Ｙの給与をＡ県が負担していても、Ｘは、Ａ県に国家賠償を求めることはできず、Ｂ市に求めるべきこととなる。[H28-20-1]

☞④答×

□□□ 公の営造物とは、国や公共団体が所有するすべての物的施設をいうわけではなく、公の用に供しているものに限られる。[H21-19-1]

☞⑥答○

□□□ 国家賠償法２条は、無過失責任を定めたものであるが、無過失責任と結果責任とは異なるので、不可抗力ないし損害の回避可能性のない場合については、損害賠償責任を負うものとは解されない。
[H23-19-2]

☞⑪答○

---

32 国家賠償法(3)

必ず出る！基礎知識 目標5分で覚えよう

1 2条の営造物の設置または管理の瑕疵

①設置または管理は、法令に基づくものである必要はなく、国または公共団体が事実上行う状態にあればよい。

②設置または管理の瑕疵とは、営造物が通常有すべき安全性を欠き、営造物の利用者等に危害を及ぼす危険性のある状態をいう。過失は不要である。

③管理の瑕疵には、管理行為の過誤も含まれる。ただし、時間的に対応の余地がなければ、瑕疵はない。

④故障車を長時間放置し、道路の安全性を保持する措置を全く講じなかった場合、道路管理に瑕疵がある。

⑤管理行為が違法であって、過失が認められれば、2条だけでなく、1条に基づく損害賠償請求もできる。

2 2条の賠償責任者

⑥営造物の設置・管理者と、費用の負担者が異なる場合、被害者は、いずれに対しても損害賠償請求ができる。

⑦損害を賠償した者は、内部関係でその損害を賠償する責任のある者に対して求償できる。

3 外国人による国家賠償請求

⑧被害者が外国人の場合、日本人がその外国から国家賠償を受けられるときに限り、国家賠償法が適用される。

4 国家賠償法と民法との関係

⑨国家賠償法によって賠償を請求できる場合にも、民法やその附属法規が補充的に適用される。

⑩失火の場合には、失火責任法により、公務員に重過失があることが国家賠償責任の要件となる。

学習日	月　日	月　日	月　日	月　日
正答数	／6	／6	／6	／6
解答時間	分	分	分	分

出た過去問！出る予想問！ 目標2分で答えよう

❑❑❑ 公の営造物の設置又は管理の瑕疵とは、公の営造物が通常有すべき安全性を欠いていることをいうが、賠償責任が成立するのは、当該安全性の欠如について過失があった場合に限られる。[H21-19-2]

☞②答×

❑❑❑ 営造物の管理責任は、営造物の物理的瑕疵を問うものであり、営造物を管理する公務員の管理義務違反は、国家賠償法1条の責任であって、同法2条の責任が問われることはない。[H19-20-3]

☞③答×

❑❑❑ 道路上に放置された故障車に追突して損害を被った者がいたとしても、道路自体に瑕疵があったわけではないから、道路管理者が賠償責任を負うことはない。[H22-20-3] ☞④答×

❑❑❑ 公の営造物の管理者と費用負担者とが異なる場合、被害者に対して損害賠償責任を負うのは、費用負担者に限られる。[H21-19-4] ☞⑥答×

❑❑❑ 国家賠償法は、憲法17条の規定を受けて制定されたものであるので、日本国民と外国人とを区別せずに損害賠償を認めている。[H20-19-2] ☞⑧答×

❑❑❑ 公権力の行使に起因する損害の賠償責任については、国家賠償法に規定がない事項に関し、民法の規定が適用される。[H25-19-2] ☞⑨答○

33 地方自治法(1)

必ず出る！基礎知識　目標5分で覚えよう

1 地方公共団体

①地方自治法は、地方公共団体の健全な発達を保障することを目的とする。

②地方公共団体には、普通地方公共団体と特別地方公共団体がある。いずれも、法人である。

③都道府県と市町村が普通地方公共団体、特別区・地方公共団体の組合・財産区が特別地方公共団体である。

2 特別地方公共団体

④都の区は、特別区である。大都市特別区設置法により、道府県にも、市町村を廃止して、特別区を設置できる。

⑤指定都市の区は、事務処理の便宜のための行政区にとどまり、特別区のような法人格はない。

⑥特別地方公共団体である特別区は、法律に基づき区長公選制を採用している。

⑦地方公共団体の組合には、一部事務組合と広域連合がある。

⑧一部事務組合を設立できるのは、普通地方公共団体と特別区である。一部事務組合にも議会が置かれる。

3 地方公共団体の事務

⑨地方公共団体が処理する事務のうち、法定受託事務以外のものを自治事務という。

⑩法定受託事務も地方公共団体の事務であるが、国等にとって適正な処理を確保する必要性が高い事務である。

⑪地方公共団体は、法令違反の事務処理をしてはならない。また、市町村や特別区は、都道府県の条例に違反する事務処理をしてはならない。違反行為は無効である。

学習日	月　日	月　日	月　日	月　日
正答数	／6	／6	／6	／6
解答時間	分	分	分	分

出た過去問！出る予想問！ 目標2分で答えよう

□□□ 特別区は、地方自治法上は、都に設けられた区をいうこととされているが、新たな法律の制定により、廃止される関係市町村における住民投票などの手続を経て、一定の要件を満たす他の道府県においても設けることが可能になった。[H30-22-4]

☞④答○

□□□ 指定都市が市長の権限に属する事務を分掌させるために条例で設ける区を、特別区という。[H20-25-2]

☞⑤答×

□□□ 地方公共団体の組合としては、全部事務組合と役場事務組合が廃止されたため、現在では一部事務組合と広域連合の二つがある。[H25-23-1] ☞⑦答○

□□□ 一部事務組合には議会が設置されることはないので、その独自の条例が制定されることもない。[H21-23-3]

☞⑧答×

□□□ 都道府県の自治事務については、地方自治法上、どのような事務がこれに該当するかについて、例示列挙されている。[H30-24-3] ☞⑨答×

□□□ 市町村が当該都道府県の条例に違反して事務を処理した場合には、その市町村の行為は無効とされる。[H21-21-4] ☞⑪答○

34 地方自治法(2)

必ず出る！基礎知識　目標5分で覚えよう

1　普通地方公共団体の議会

①普通地方公共団体には、議会が置かれる。
②町村は、条例で、議会を置かず、町村総会を設置できる。
③議員定数は、条例で定めることができる。任期は4年であり、法律で定める。
④議員の被選挙権は、日本国民たる住民で選挙権を持つ満25歳以上の者にある。被選挙権を失うと、失職する。
⑤国会議員・他の地方公共団体の議員・地方公共団体の職員との兼職は、禁止されている。
⑥議決事件は、法に列挙されている。契約の締結にも、議決の必要なものがある。
⑦政令で不適当とされた法定受託事務に関するものでない限り、条例で議決事件を追加できる。
⑧予算は、議会が議決すべき事件である。長の予算提出権限を侵害しない限り、増額して議決することもできる。
⑨普通地方公共団体の議会は、自らの解散を議決できる。
⑩議会は、普通地方公共団体の長が招集する。
⑪議長は、議会運営委員会の議決を経て、長に対し臨時会の招集を請求することができる。

2　条例の制定権

⑫普通地方公共団体は、法令に反しない限り、自治事務だけでなく法定受託事務についても、条例を制定できる。
⑬分担金、使用料、加入金及び手数料に関する事項は、条例で定めなければならない。
⑭地方議会が制定する条例は、財産権を制限できる。
⑮条例で、懲役・罰金などの刑罰を科すことができる。

学習日	月　日	月　日	月　日	月　日
正答数	／7	／7	／7	／7
解答時間	分	分	分	分

出た過去問！出る予想問！ 目標2分で答えよう

❑❑❑ 町村は、議会に代えて、選挙権を有する者の総会を設ける場合、住民投票を経なければならない。
[H29-23-1]　☞②答×

❑❑❑ 地方公共団体は、それぞれの議会の議員の定数を条例で定めるが、議員の任期について条例で定めることはできない。[H28-22-3]　☞③答○

❑❑❑ 地方自治法の規定する議会の議決事項は、限定列挙と解されているため、地方自治体が、条例によって自治事務について議会の議決事項を追加することはできない。[H17-17-5]　☞⑦答×

❑❑❑ 予算を定めることは議会の議決事件とされているが、議会は、予算について増額して議決することはできない。[H19-23-1]　☞⑧答×

❑❑❑ 議会の解散は、議会が長の不信任の決議を行ったとき、または住民から解散請求がなされたときにありうるが、議会が自らの議決に基づき自主解散することはできない。[H19-23-3]　☞⑨答×

❑❑❑ 議会は、長がこれを招集するほか、議長も、議会運営委員会の議決を経て、自ら臨時会を招集することができる。[R1-22-1]　☞⑩⑪答×

❑❑❑ 普通地方公共団体は、その事務に関し、条例を制定し、それに違反した者について、懲役などの刑罰の規定を設けることができる。[H30-23-ア]　☞⑮答○

35 地方自治法(3)

必ず出る！基礎知識 目標5分で覚えよう

1 普通地方公共団体の長

①地方公共団体では、長も、住民が直接選挙で選ぶ。

②長に対する不信任決議がなされた場合、長は、10日以内に議会を解散しないと、失職する。

③解散後初めて招集された議会で再び不信任決議がなされた場合、議長からその通知があった日に長は失職する。

④条例の制定改廃または予算に関する議決に異議がある場合、長は、理由を示して再議に付すことができる。

⑤議会が成立しない場合などには、議会が議決すべき事件を長が処理できる（長の専決処分）。

⑥議会の権限に属する軽易な事項で、その議決により特に指定したものも、長は専決処分ができる。

⑦長は、法令に反しない限り、規則を制定できる。規則で、５万円以下の過料を科すことができる。

2 普通地方公共団体の委員会・委員

⑧普通地方公共団体は、執行機関として、教育委員会・選挙管理委員会・人事委員会または公平委員会・監査委員を置かなければならない。

⑨委員会は、法令・条例などに反しない限り、規則などの規程を定めることができる。

⑩監査委員は複数選任されるが、各監査委員が独任機関として独立して権限を行使する。

⑪自治事務だけでなく、法定受託事務も、監査委員の監査の対象となる。

⑫監査委員は、毎会計年度１回以上、財務に関する事務の執行及び経営に係る事業の管理を監査する必要がある。

学習日	月　日	月　日	月　日	月　日
正答数	／7	／7	／7	／7
解答時間	分	分	分	分

出た過去問！出る予想問！ 目標2分で答えよう

❑❑❑ 町村は、住民による直接の選挙で首長を選出せず、議会で首長を選出する旨の条例を制定することができる。[H20-21-1]
☞①答×

❑❑❑ 当該普通地方公共団体の議会が長の不信任の議決をした場合において、長は議会を解散することができ、その解散後初めて招集された議会においては、再び不信任の議決を行うことはできない。[H26-21-イ]
☞③答×

❑❑❑ 普通地方公共団体の長は、普通地方公共団体の議会による条例の制定に関する議決について、再議に付すことができる。[H30-23-ウ]
☞④答○

❑❑❑ 普通地方公共団体の議会の権限に属する軽易な事項で、その議決により特に指定したものは、普通地方公共団体の長において、これを専決処分にすることができる。[H29-23-3]
☞⑥答○

❑❑❑ 町村は、選挙管理委員会を設置せず、首長またはその補助機関に選挙管理の事務を行わせる旨の条例を制定することができる。[H20-21-4]
☞⑧答×

❑❑❑ 監査委員の監査の対象となる事務には、法定受託事務も含まれている。[H21-22-5]
☞⑪答○

❑❑❑ 監査委員による監査は、長、議会または住民からの請求があったときのみに行われるため、その請求がなければ監査が行われることはない。[H21-22-4]
☞⑫答×

36 地方自治法(4)

必ず出る！基礎知識 目標5分で覚えよう

1 公の施設

①公の施設とは、簡易水道事業の施設など、住民の福祉を増進する目的でその利用に供するための施設をいう。
②公の施設の設置や管理に関する事項は、法令に特別の定めがあるものを除き、条例で定めなければならない。
③公の施設は、区域外にも設けることができる。
④正当な理由がない限り、住民の公の施設の利用を拒んではならない。
⑤住民及び住民に準ずる地位にある者の公の施設の利用について、不当な差別的取扱いをしてはならない。
⑥長の公の施設の利用不許可処分に不服があれば、長に対して審査請求ができる。
⑦設置目的を効果的に達成するため必要があれば、条例の定めにより、公の施設を指定管理者に管理させることができる。
⑧指定管理者の指定手続・管理の基準・業務の範囲その他必要な事項は、条例で定める。
⑨指定管理者の指定には、予め議会の議決を要する。
⑩適当と認めるときは、公の施設の利用料金を指定管理者の収入とすることができる。
⑪指定管理者の収入とする公の施設の利用料金は、予め普通地方公共団体の承認を受け、指定管理者が定める。

2 地方債

⑫普通地方公共団体は、予算の定めるところにより、地方債を起こすことができる。
⑬地方債を起こすには、都道府県・指定都市は総務大臣、市町村・特別区は都道府県知事との協議が必要である。

学習日	月　日	月　日	月　日	月　日
正答数	／6	／6	／6	／6
解答時間	分	分	分	分

● 出た過去問！出る予想問！ 目標2分で答えよう ●

❑❑❑ 普通地方公共団体は、公の施設の設置および管理に関する事項につき、その長の定める規則でこれを定めなければならない。[H30-23-エ]
☞②答×

❑❑❑ 公の施設は、住民の利用に供するために設けられるものであり、普通地方公共団体は、その区域外において、公の施設を設けることはできない。[H29-22-4]
☞③答×

❑❑❑ 普通地方公共団体は、住民が公の施設を利用することについて、不当な差別的取扱いをしてはならないが、正当な理由があれば、利用を拒むことができる。[H29-22-2]
☞④⑤答○

❑❑❑ 普通地方公共団体は、公の施設の管理を行わせる法人その他の団体の指定をしようとするときは、あらかじめ、当該普通地方公共団体の議会の議決を経なければならない。[R1-23-4]
☞⑨答○

❑❑❑ 公の施設の利用料金は、地方公共団体が条例で定めることとされ、指定管理者が定めることはできない。[H23-23-3]
☞⑪答×

❑❑❑ 普通地方公共団体は、予算の定めるところにより、地方債を起こすことができるが、起債前に財務大臣の許可を受けなければならない。[H28-24-1]
☞⑬答×

---

37 地方自治法(5)

必ず出る！基礎知識 目標5分で覚えよう

1 住民の直接請求権

①日本国民である住民には、事務の監査・条例の制定改廃・議会の解散・長や議員等の解職の請求権がある。

②長や議員の解職請求は、選挙管理委員会に対して行い、有権者が採否を決定する。

③選挙管理委員・監査委員などの解職請求は長に対して行い、議会が採否を決定する。

④条例の制定改廃請求は、議員や長の選挙権を持つ者の総数の50分の1以上の連署をもって長に対して行う。

⑤条例の制定改廃請求を受けた長は、意見を付けて議会に付議し、議会は、議決によって請求の採否を決定する。

⑥地方税の賦課徴収や分担金・使用料・手数料の徴収について、住民が条例の制定改廃を求めることはできない。

⑦事務の監査請求は、有権者の総数の50分の1以上の連署で、監査委員に対して行う。

2 住民監査請求と住民訴訟

⑧長などが違法または不当な公金の支出等を行ったと認める場合、住民は1人で監査委員に監査を請求できる。

⑨住民監査請求は、住民であれば、外国人でもできる。

⑩住民監査請求は、正当な理由がない限り、行為の日または終了日から1年以内にしなければならない。

⑪監査委員が所定の期間内に監査を行わなかった場合や適法な住民監査請求が不適法として却下された場合には、住民監査請求を行った住民は、住民訴訟を提起できる。

⑫監査結果や講じられた措置に不服がある場合も、住民監査請求を行った住民は、住民訴訟を提起できる。

学習日	月　日	月　日	月　日	月　日
正答数	／7	／7	／7	／7
解答時間	分	分	分	分

出た過去問！出る予想問！ 目標2分で答えよう

❑❑❑ B市在住の日本国籍を有しない住民Y（40歳）は、A市では事務監査請求をする資格がないが、B市ではその資格がある。[H26-22-4] ☞①答×

❑❑❑ 知事・市町村長のみならず、選挙管理委員、監査委員などの役員も、直接請求としての解職請求の対象となる。[H18-23-2] ☞②③答○

❑❑❑ 条例の制定改廃の請求は、普通地方公共団体の長に対して行われ、長から議会に対して付議される。[H19-22-4] ☞④⑤答○

❑❑❑ 選挙権を有する普通地方公共団体の住民は、その属する普通地方公共団体の条例の制定または改廃を請求する権利を有するが、地方税の賦課徴収に関する条例については、その制定または改廃を請求することはできない。[H28-24-3] ☞⑥答○

❑❑❑ 住民監査請求をすることができる者は、当該地方公共団体の住民に限られ、それ以外の者がすることは認められていない。[H21-24-1] ☞⑧答○

❑❑❑ 住民監査請求をするに当たって、住民は、当該地方公共団体の有権者のうち一定数以上の者とともに、これをしなければならない。[H29-24-3] ☞⑧答×

❑❑❑ 自ら住民監査請求を行っていない住民であっても、当該普通地方公共団体の他の住民が住民監査請求を行っていれば、住民訴訟を提起することができる。[H22-24-ア] ☞⑪⑫答×

38 地方自治法(6)

必ず出る！基礎知識 目標5分で覚えよう

1 国等の関与

①国の行政機関または都道府県の機関が、普通地方公共団体の事務処理について、関与を行う場合がある。

②関与を行うには、法律またはそれに基づく政令の規定が必要である。

③関与は、目的達成に必要な最小限度のものに限り、また、普通地方公共団体の自主性・自立性に配慮を要する。

④関与には、助言・勧告・資料の提出要求・是正の要求・指示・代執行などがある。

⑤自治事務について代執行は原則として許されず、法定受託事務についてのみ代執行の手続が定められている。

⑥自治事務に関する指示は、緊急の必要がある場合等に限り許される。

⑦都道府県の自治事務の処理が法令に違反または著しく不適正で公益侵害が明白な場合、その事務担任の大臣は、違反の是正・改善に必要な措置を求めることができる。

⑧所管する法令に基づく法定受託事務の処理が法令に違反または著しく不適正で公益侵害が明白な場合、各大臣は、必要な指示ができる。

2 係争処理

⑨国の関与に不服があれば、普通地方公共団体の長等は、国地方係争処理委員会に審査の申出ができる。都道府県の関与なら、自治紛争処理委員に審査の申出ができる。

⑩審査結果または勧告に不服があれば、その区域を管轄する高等裁判所に訴えを提起できる。

学習日	月　日	月　日	月　日	月　日
正答数	／5	／5	／5	／5
解答時間	分	分	分	分

出た過去問！出る予想問！ 目標2分で答えよう

❑❑❑ 自治事務とは異なり、法定受託事務に関する普通地方公共団体に対する国または都道府県の関与については、法律に基づかないでなすことも認められている。[H29-23-5]

☞②答×

❑❑❑ 自治事務については、関与は必要最小限のものとするとともに、普通地方公共団体の自主性と自立性に配慮しなければならないが、法定受託事務については、関与の必要最小限の原則だけが適用される。[H14-19-1]

☞③答×

❑❑❑ 都道府県による法定受託事務の執行については、国の大臣による代執行の手続があるが、自治事務の執行には、こうした手続はない。[H18-21-5]

☞⑤答○

❑❑❑ 各大臣は、その担任する事務に関し、都道府県の自治事務の処理が法令の規定に違反していると認めるとき、または著しく適正を欠き、かつ、明らかに公益を害していると認めるときは、当該都道府県に対し、当該自治事務の処理について違反の是正または改善のため必要な措置を講ずべきことを求めることができる。[H28-23-ウ]

☞⑦答○

❑❑❑ A市長は、自治事務に関する国の関与に不服があるときは、地方裁判所に対し、当該関与を行った国の行政庁を被告として、その取消しを求める抗告訴訟を提起することができる。[H24-21-1]

☞⑩答×

第3編

民　法

1 権利の主体

必ず出る！基礎知識 目標5分で覚えよう

1 自然人

①権利義務の主体になる資格を権利能力という。

②自然人（生きた人間）は、出生時に、誰もが当然に、かつ、平等に権利能力を取得する。

③外国人も、法令または条約の規定によって禁止される場合を除いて、権利能力が認められている。

④胎児が無事に生まれると、不法行為に基づく損害賠償請求・相続・遺贈については、問題の時点に遡って権利能力を持っていたことになる。

⑤胎児の時点では権利能力はなく、母親が胎児の代理人として権利を行使することはできない。

2 法人と権利能力なき社団

⑥法人格を付与され、権利義務の主体になれる団体等を法人という。

⑦法人は、法人名で取引ができ、取引によって取得した財産は、法人自体に帰属し、登記も、法人名でできる。

⑧法人が負った債務は、法人自体の債務と扱われ、法人の財産が引当になる。

⑨権利能力なき社団には、法人格がなく、権利義務の帰属主体にはならない。

⑩実質的に権利能力なき社団に属する資産は、構成員に総有的に帰属し、構成員に持分権や分割請求権はない。

⑪権利能力なき社団の名で負った債務は、構成員全員に総有的に帰属し、社団の総有財産だけが責任財産となる。

⑫権利能力なき社団は、社団名での登記や個人名に代表者であること示す肩書きを付けた登記はできない。しかし、肩書きなしの個人名での登記はできる。

学習日	月　日	月　日	月　日	月　日
正答数	／5	／5	／5	／5
解答時間	分	分	分	分

出た過去問！出る予想問！ 目標2分で答えよう

❑❑❑ 外国人は、法令または条約により禁止される場合を除いて、私法上の権利を享有する。[H18-2-エ]

☞③答○

❑❑❑ 胎児に対する不法行為に基づく当該胎児の損害賠償請求権については、胎児は既に生まれたものとみなされるので、胎児の母は、胎児の出生前に胎児を代理して不法行為の加害者に対し損害賠償請求をすることができる。[H24-27-1]

☞⑤答×

❑❑❑ Bが権利能力なき社団である場合には、Bの財産は、Bを構成するAら総社員の総有に属する。[H29-27-イ]

☞⑩答○

❑❑❑ X会が権利能力なき社団である場合、構成員であるA、B、CおよびDは、全員の同意をもって、総有の廃止その他X会の社団財産の処分に関する定めのなされない限り、X会の社団財産につき持分権を有さず、また、社団財産の分割を求めることができない。[H26-27-5]

☞⑩答○

❑❑❑ X会が権利能力なき社団であり、Aがその代表者である場合、X会の資産として不動産があるときは、その不動産の公示方法として、Aは、A個人の名義で所有権の登記をすることができる。[H26-27-1]

☞⑫答○

2 制限行為能力者(1)

必ず出る！基礎知識 目標5分で覚えよう

1 未成年者

①単独で完全に有効な法律行為を行うことのできる資格・地位を行為能力という。

②未成年者が法律行為を行うには、原則として法定代理人の同意が必要である。同意を得ずに行われた法律行為は、取り消すことができる。

2 成年被後見人

③成年被後見人は、精神上の障害により事理弁識能力を欠く常況のため、後見開始の審判が行われた者である。

④日用品の購入など日常生活に関する行為を除いて、成年被後見人が自ら行った法律行為は、成年後見人の同意を得ていても、取り消すことができる。

⑤成年被後見人本人も、意思能力があれば、取り消すことができる。

3 被保佐人と被補助人

⑥事理弁識能力が著しく不十分なため、保佐開始の審判が行われたのが被保佐人である。事理弁識能力が不十分なため、補助開始の審判が行われたのが被補助人である。

⑦本人以外の請求により補助開始の審判を行うには、本人の同意が必要である。

⑧保佐人への代理権付与には、被保佐人本人の請求または同意を要する。

⑨被保佐人が不動産等の重要な財産の売買等を行う場合、日常生活に関する行為を除き、保佐人の同意を要する。

⑩保佐人の同意も家庭裁判所の許可も得ずに行った被保佐人の行為は、取り消すことができる。補助人の同意も家庭裁判所の許可も得ずに行った被補助人の行為も同じ。

学習日	月　日	月　日	月　日	月　日
正答数	／4	／4	／4	／4
解答時間	分	分	分	分

出た過去問！出る予想問！ 目標2分で答えよう

❑❑❑ AがBに対してA所有の動産を譲渡する旨の意思表示をした。Aが、精神上の障害により事理を弁識する能力を欠く常況にある場合、Aは当然に成年被後見人であるから、制限行為能力者であることを理由として当該意思表示に基づく譲渡契約を取り消すことができる。[H22-27-1]

☞③ 答×

❑❑❑ 成年被後見人の法律行為について、成年後見人は、これを取り消し、または追認することができるが、成年被後見人は、事理弁識能力を欠く常況にあるため、後見開始の審判が取り消されない限り、これを取り消し、または追認することはできない。[H24-27-4]

☞⑤ 答×

❑❑❑ 家庭裁判所は、本人や配偶者等の請求によって、補助開始の審判をすることができるが、本人以外の者の請求によって補助開始の審判をするには、本人の同意がなければならない。[H27-27-エ]

☞⑦ 答○

❑❑❑ AがBに対してA所有の動産を譲渡する旨の意思表示をした。Aが被保佐人であり、当該意思表示に基づく譲渡契約の締結につき保佐人の同意を得ていない場合、A及び保佐人は常に譲渡契約を取り消すことができる。[H22-27-2]

☞⑨⑩ 答×

---

3 制限行為能力者(2)

必ず出る！基礎知識 目標5分で覚えよう

1 制限行為能力による取消し

①制限行為能力による取消しの取消権者は、制限行為能力者・その代理人・承継人・同意ができる者である。

②取り消された行為は、初めから無効であったとみなされ、相手方から受け取ったものを返還する必要がある。

③行為時に制限行為能力者であった者は、現に利益を受けている限度（現存利益）で返還すればよい。

2 相手方の催告権

④相手方は、制限行為能力者の法定代理人・保佐人・補助人に対して１か月以上の期間を定めて行為を追認するか否かを確答するように催告できる。

⑤制限行為能力者が行為能力者になった後は、その者に対して同様の催告ができる。

⑥定めた期間内に確答がないと、追認したとみなされる。

⑦相手方は、被保佐人または補助人の同意を要する被補助人に対して、１か月以上の期間を定めて保佐人または補助人の追認を得るように催告ができる。

⑧定めた期間内に追認を得たという通知がないと、その行為を取り消したとみなされる。

3 詐術（さじゅつ）

⑨制限行為能力者が行為能力者であると騙したり、同意があると騙したりした場合は、行為を取り消すことができない。

⑩制限行為能力者であることを黙っているにすぎない場合は、詐術に当たらず、取り消すことができる。

学習日	月　日	月　日	月　日	月　日
正答数	／4	／4	／4	／4
解答時間	分	分	分	分

出た過去問！出る予想問！ 目標2分で答えよう

❑❑❑ 未成年者であるBが親権者の同意を得ずにAから金銭を借り入れたが、後に当該金銭消費貸借契約が取り消された場合、BはAに対し、受領した金銭につき現存利益のみを返還すれば足りる。[H23-27-オ]

☞③答○

❑❑❑ 制限行為能力者が未成年者の場合、相手方は、未成年者本人に対して、1か月以上の期間を定めて追認するかどうかを確答するように催告することができ、その期間内に確答がなければ、その行為を追認したものとみなされる。[H18-27-2]

☞④答×

❑❑❑ Aは被保佐人であるBとの間で、Bの所有する不動産を購入する契約を締結したが、後日Bが制限行為能力者であることを知った。Aは、1ヶ月以上の期間を定めて、Bに対し保佐人の追認を得るべき旨を催告したが、所定の期間を過ぎても追認を得た旨の通知がない。この場合、その行為は追認されたものとみなされる。[H21-30-ア]

☞⑧答×

❑❑❑ Aが自己所有の甲土地をBに売却する旨の契約(以下、「本件売買契約」という。)が締結された。Aは未成年者であったが、その旨をBに告げずに本件売買契約を締結した場合、制限行為能力者であることの黙秘は詐術にあたるため、Aは未成年者であることを理由として本件売買契約を取り消すことはできない。[H26-28-5]

☞⑩答×

4 意思表示(1)

必ず出る！基礎知識 目標5分で覚えよう

1 意思能力

①意思能力とは、行為の結果を判断できる精神能力であり、有効に意思表示をする能力である。

②２～３歳の幼児や泥酔者など、意思能力のない者が行った法律行為は、無効である。

2 心裡留保（しんりりゅうほ）

③真意でないと知りつつ行った意思表示は、相手方がそれを知り、または知ることができたときは、無効である。ただし、善意の第三者には、その無効を対抗できない。

④意思のない養子縁組は、絶対的に無効である。

3 虚偽表示

⑤虚偽表示は、無効である。ただし、善意の第三者に対しては、その者に過失があっても、無効を主張できない。

⑥事情を知らずに仮装譲渡された土地を買った者やその土地に抵当権の設定を受けた者は、善意の第三者である。

⑦事情を知らずに仮装譲渡された債権を譲り受けた者も、善意の第三者として保護される。

⑧仮装譲渡の譲受人に対して債権をもっているだけの一般債権者は、第三者ではない。

⑨一般債権者が、事情を知らずに仮装譲渡された目的物を差し押さえると、善意の第三者として保護される。

⑩仮装譲渡された土地の譲受人が土地上に建築した建物の賃借人は、第三者ではない。

⑪通謀や虚偽の意思表示がなくても、真の権利者が外観を作り出したり、外観を作るきっかけを与えたりした場合は、外観を信頼した善意の第三者を保護すべきである。

学習日	月　日	月　日	月　日	月　日
正答数	／4	／4	／4	／4
解答時間	分	分	分	分

出た過去問！出る予想問！ 目標2分で答えよう

❑❑❑ 後見開始の審判を受ける前の法律行為については、制限行為能力を理由として当該法律行為を取り消すことはできないが、その者が当該法律行為の時に意思能力を有しないときは、意思能力の不存在を立証して当該法律行為の無効を主張することができる。[H24-27-5]

☞②答○

❑❑❑ Aが差押えを免れるためにBと謀って動産をBに譲渡したことにしていたところ、Bが事情を知らないCに売却した場合、Cに過失があるときには、Aは、Cに対してA・B間の譲渡契約の無効を主張できる。[H22-27-5]

☞⑤答×

❑❑❑ 仮装の売買契約に基づく売買代金債権が他に譲渡された場合、債権の譲受人は第三者にあたらないため、譲受人は、譲受債権の発生原因が虚偽表示によるものであることについて善意であっても、買主に対して売買代金の支払を求めることができない。[H27-28-4]

☞⑦答×

❑❑❑ Aが自己所有する甲土地をBと通謀してBに売却（仮装売買）した。Bの一般債権者FがA・B間の仮装売買について善意のときは、Aは、Fに対して、Fの甲土地に対する差押えの前であっても、A・B間の売買の無効を対抗することができない。
[H20-27-オ]

☞⑧答×

5 意思表示(2)

必ず出る！基礎知識 目標5分で覚えよう

1 錯誤よる意思表示

①錯誤とは、表示と真意との食い違いを表意者が気づかない場合をいう。

②錯誤により表示に対応する意思を欠き、その錯誤が法律行為の目的や取引上の社会通念に照らして重要なものである場合には、意思表示を取り消すことができる。

③重要な錯誤により動機である事情が真実に反し、その事情を法律行為の基礎としたことが表示されていれば、意思表示を取り消すことができる。

④表示は、明示的なものに限らず、黙示的なものでよい。

⑤重要な錯誤があっても、相手方が表意者の重大な過失を立証した場合は、原則として取り消すことができない。

⑥表意者に重大な過失があっても、相手方が表意者の錯誤を知り、または重大な過失によって知らなかった場合は、取り消すことができる。

⑦表意者に重大な過失があっても、相手方が表意者と同一の錯誤に陥っていた場合は、取り消すことができる。

⑧錯誤による意思表示の取消しは、善意無過失の第三者に対抗できない。

2 詐欺による意思表示

⑨詐欺による意思表示は、取り消すことができる。

⑩詐欺を行ったのが第三者の場合には、相手方がその事実を知り、または知ることができたときに限り、意思表示を取り消すことができる。

⑪取り消す前に現われた第三者は、善意無過失なら、登記がなくても、保護される。

学習日	月　日	月　日	月　日	月　日
正答数	／4	／4	／4	／4
解答時間	分	分	分	分

出た過去問！出る予想問！ 目標2分で答えよう

❏❏❏ 動機の錯誤については、表意者が相手方にその動機を意思表示の内容に加えるものとして明示的に表示したときは取り消すことができるが、動機が黙示的に表示されるにとどまるときは取り消すことができない。［H25-27-ウ改］ ☞④答×

❏❏❏ 表意者が錯誤に陥ったことについて重大な過失があったときは、原則として意思表示を取り消すことができない。この場合には、相手方が、表意者に重大な過失があったことについて主張・立証しなければならない。［H25-27-オ改］ ☞⑤答○

❏❏❏ Aが自己所有の甲土地をBに売却する旨の契約（以下、「本件売買契約」という。）が締結された。AはEの詐欺によって本件売買契約を締結した場合、この事実をBが知っていたとき、または知らなかったことにつき過失があったときは、AはEの詐欺を理由として本件売買契約を取り消すことができる。［H26-28-4改］ ☞⑩答○

❏❏❏ AからBに不動産の売却が行われ、Bはこれをさらに Cに転売したところ、AがBの詐欺を理由に売買契約を取り消した場合に、Cは善意であれば保護される。［H20-29-1改］ ☞⑪答×

6 意思表示(3)

必ず出る！基礎知識 目標5分で覚えよう

1 強迫による意思表示

①強迫による意思表示は、無条件に取り消すことができる。
②強迫による意思表示は、取消前に出現した善意無過失の第三者に対しても、取消しを主張できる。
③強迫によって完全に意思の自由が奪われた場合には、意思表示は、無効である。

2 意思表示の無効と取消し

④無効は、当初から当然に効力がないのに対して、取消しは、取消権が行使されると、遡及的に無効になる。
⑤無効は、誰でも主張できるのに対して、取り消すことができるのは、取消権者だけである。
⑥錯誤・詐欺・強迫による意思表示の取消権者は、意思表示をした本人・その代理人・承継人である。
⑦取消権者が追認をすると、取消権は消滅する。
⑧追認できるのは、強迫状態からの解放など、取消しの原因となった状況が消滅した後である。
⑨追認は、取消権のあることを知った後にしなければ、効力を生じない。
⑩追認できるようになった後に、取消権者が、異議をとどめずに追認と実質的に同じ行為を行った場合、追認をしたとみなされる(法定追認)。
⑪追認と実質的に同じ行為とは、所有権移転登記・履行(例 売却代金の受領)・履行の請求・取得した権利の譲渡など。
⑫無効は、いつでも主張できるのに対して、取消権は、追認できる時から5年以内、かつ行為の時から20年以内に行使しないと消滅する。

学習日	月　日	月　日	月　日	月　日
正答数	／4	／4	／4	／4
解答時間	分	分	分	分

出た過去問！出る予想問！ 目標2分で答えよう

❑❑❑ Aが自己所有の甲土地をBに売却する旨の契約（以下、「本件売買契約」という。）が締結された。AがDの強迫によって本件売買契約を締結した場合、この事実をBが知らず、かつ知らなかったことにつき過失がなかったときは、AはDの強迫を理由として本件売買契約を取り消すことができない。[H26-28-3]

☞②答×

❑❑❑ 追認は、取消しの原因である情況がやむ前にするものでなければ、効果がない。[H6-27-4]

☞⑧答×

❑❑❑ Aが自己所有の甲土地をBに売却する旨の契約（以下、「本件売買契約」という。）が締結された。AはBの強迫によって本件売買契約を締結したが、その後もBに対する畏怖の状態が続いたので取消しの意思表示をしないまま10年が経過した。このような場合であっても、AはBの強迫を理由として本件売買契約を取り消すことができる。[H26-28-1]

☞⑧答○

❑❑❑ BがAに強迫されて絵画を購入した場合、Bが追認をすることができる時から取消権を5年間行使しないときは、追認があったものと推定される。[H23-27-エ]

☞⑫答×

民法

意思表示(3)

7 代 理 (1)

必ず出る！基礎知識 目標5分で覚えよう

1 代理人と使者

①代理人が代理権の範囲内で有効な代理行為を行うと、その効果は、直接本人に帰属する。
②代理人には、意思能力は必要だが、行為能力は必要ない。ただし、制限行為能力者の法定代理人となるには、行為能力が必要である。
③使者は、本人の決定した意思を伝えるだけの存在であり、意思能力も必要ない。
④使者が、本人の真意と異なる意思を伝達した場合、錯誤の問題が生じる。

2 代 理 権

⑤任意代理の場合、委任契約などの契約によって、本人が代理権を授与する。
⑥本人が強迫を受けて代理権を授与した場合、本人は、授権行為を取り消すことができる。
⑦代理権の範囲が定められていない場合や不明確な場合でも、代理人は、保存行為と現状を変更しない限度での利用または改良行為はできる。
⑧法定代理は、法律に基づき、本人の意思とは無関係に代理権が発生し、その範囲は、法律で定められている。
⑨代理人が自己または第三者の利益を図る目的で代理権の範囲内の行為をした場合、相手方がその目的を知り、または知ることができたときは、無権代理行為とみなす。
⑩自己契約・双方代理は禁止されているが、債務の履行や本人が予め許諾した行為は、例外的に許される。
⑪本人が後見開始の審判を受けても、代理権は消滅しない。

学習日	月　日	月　日	月　日	月　日
正答数	／5	／5	／5	／5
解答時間	分	分	分	分

出た過去問！出る予想問！ 目標2分で答えよう

❑❑❑ 代理人は、本人のために法律行為を行う者であるから、代理権の授与のときに意思能力および行為能力を有することが必要であるのに対し、使者は、本人の完了した意思決定を相手方に伝達する者であるから、その選任のときに意思能力および行為能力を有することは必要ない。[H24-28-2]

☞②③答×

❑❑❑ 本人が強迫を受けて代理権を授与した場合には、代理人が強迫を受けていないときでも、本人は代理権授与行為を取り消すことができる。[H14-27-4]

☞⑥答○

❑❑❑ Aは留守中の財産の管理につき単に妻Bに任せるといって海外へ単身赴任したところ、BがAの現金をA名義の定期預金としたときは、代理権の範囲外の行為に当たり、その効果はAに帰属しない。[H21-27-1]

☞⑦答×

❑❑❑ 同一の法律行為について、相手方の代理人となり、または当事者双方の代理人となることは、いかなる場合であっても許されない。[H11-27-2] ☞⑩答×

❑❑❑ A所有の建物を売却する代理権をAから与えられたBが、自らその買主となった場合に、そのままBが移転登記を済ませてしまったときには、AB間の売買契約について、Aに効果が帰属する。[H21-27-3]

☞⑩答×

8 代理(2)

必ず出る！基礎知識 目標5分で覚えよう

1 代理行為

①本人のためにするという代理意思を示さないと、代理人自身の意思表示とみなされ、効果は代理人に帰属する。

②代理行為の瑕疵は、代理人を基準に判断する。

③相手方が代理人に対して詐欺を行った場合、本人は代理行為を取り消すことができる。

④代理人が相手方に対して詐欺を行った場合、相手方は、本人の善意・悪意を問わず、取り消すことができる。

2 復代理人

⑤任意代理人は、本人の許諾を得た場合またはやむを得ない事由のある場合にのみ復代理人を選任できる。

⑥法定代理人は、自己の責任で復代理人を選任できる。ただし、やむを得ない事由がある場合には、選任及び監督についてのみ責任を負う。

⑦復代理人は、代理人の代理人ではなく、本人の代理人であり、本人に対して直接権利を持ち、義務を負う。

3 無権代理

⑧本人が追認すると、無権代理行為は行為時から本人に効果が帰属していたことになる。

⑨無権代理行為の相手方は、本人に対して相当の期間内に追認するか否かを確答するように催告でき、本人が確答しない場合には、追認を拒絶したものとみなされる。

⑩善意の相手方は、本人の追認前であれば、無権代理人との契約を取り消して、無効と確定させることができる。

⑪善意無過失の相手方は、制限行為能力者でない無権代理人に対して履行・損害賠償のいずれかを請求できる。過失があっても、無権代理人が悪意なら、請求できる。

学習日	月　日	月　日	月　日	月　日
正答数	／4	／4	／4	／4
解答時間	分	分	分	分

出た過去問！出る予想問！ 目標2分で答えよう

□□□ Aの代理人Bが、Cを騙してC所有の建物を安い値で買った場合、AがBの欺罔行為につき善意無過失であったときには、B自身の欺罔行為なので、CはBの詐欺を理由にした売買契約の取消しをAに主張することはできない。[H21-27-5]　☞④答×

□□□ Aの子Bが、Aに無断でAの代理人としてA所有の土地をCに売却する契約を結んだ。Cが相当の期間を定めてこの売買契約を追認するかどうかをAに対して回答するよう催告したが、Aからは期間中に回答がなかった場合、Aは追認を拒絶したものと推定される。[H20-28-5]　☞⑨答×

□□□ 無権代理行為につき、相手方はこれを取り消すことができるが、この取消しは本人が追認しない間に行わなければならない。[R1-28-5]　☞⑨⑩答○

□□□ Aの子Bが、Aに無断でAの代理人としてA所有の土地をCに売却する契約を結んだ。Bが未成年である場合、Aがこの売買契約の追認を拒絶したならば、CはBに対して履行の請求をすることはできるが、損害賠償の請求をすることはできない。[H20-28-2]　☞⑪答×

9 代　理（3）

必ず出る！基礎知識　目標5分で覚えよう

1 無権代理と相続

①無権代理人が本人を単独相続した場合には、法律行為は、当然に有効になる。第三者が無権代理人を相続後に本人を単独相続した場合も、同様である。

②本人が追認を拒絶した後に、無権代理人が本人を単独相続しても、無権代理行為が有効になるわけではない。

③無権代理人が本人を共同相続した場合には、共同相続人全員の追認がない限り、無権代理人の相続分についても、当然に有効となるわけではない。

④本人が無権代理人を相続した場合には、本人の資格で追認を拒絶できるが、無権代理人の責任は免れない。

2 表見代理

⑤表見代理は、本人にも落ち度があり、相手方が代理人であると信じるのも無理がないという場合に、本人に効果を帰属させようという制度である。

⑥代理権を与えたと表示した者は、代理権のないことに善意無過失の相手方に対して責任を負い、表示した範囲内の行為の効果の帰属を拒めない。

⑦代理人がその権限外の行為をしても、相手方が権限内と信じる正当な理由がある場合には、表見代理が成立し、その効果は本人に帰属する。

⑧代理権を与えた者は、その範囲内の行為が代理権消滅後に行われた場合でも、代理権消滅につき善意無過失の相手方に対しては責任を負い、効果の帰属を拒めない。

⑨表見代理が成立する場合であっても、相手方は、表見代理を主張しないで、無権代理人の責任を追及することもできる。

学習日	月　日	月　日	月　日	月　日
正答数	／4	／4	／4	／4
解答時間	分	分	分	分

出た過去問！出る予想問！ 目標2分で答えよう

❑❑❑ Aの所有する甲土地につき、Aの長男であるBがAに無断で同人の代理人と称してCに売却した。Bが死亡してAの妻DがAと共に共同相続した後、Aも死亡してDが相続するに至った場合、Dは本人の資格で無権代理行為の追認を拒絶する余地はない。[H28-28-2]
☞①答○

❑❑❑ Aの子Bが、Aに無断でAの代理人としてA所有の土地をCに売却する契約を結んだ。Aがこの売買契約の追認を拒絶した後に死亡した場合、BがAを単独相続したとしても無権代理行為は有効にはならない。[H20-28-3]
☞②答○

❑❑❑ Aの所有する甲土地につき、Aの長男であるBがAに無断で同人の代理人と称してCに売却した。Bが死亡してAが相続した場合、Aは本人の資格において本件売買契約の追認を拒絶することができるが、無権代理人の責任を免れることはできない。[H28-28-4]
☞④答○

❑❑❑ 代理人が本人になりすまして、直接本人の名において権限外の行為を行った場合に、相手方においてその代理人が本人自身であると信じ、かつ、そのように信じたことにつき正当な理由がある場合でも、権限外の行為の表見代理の規定が類推される余地はない。[R1-28-3]
☞⑦答×

10 時　効

必ず出る！基礎知識 目標5分で覚えよう

1 取得時効

①20年間、所有の意思をもって、平穏に、かつ、公然と他人の物を占有すると、所有権の取得時効が完成する。

②占有の開始時に善意無過失であれば、その後、悪意になっても、10年間の占有で取得時効が完成する。

③善意無過失で占有を始めた者から占有を引き継いだ者は、悪意でも、両者を合算して10年で時効取得できる。

④占有は所有の意思のある自主占有と推定される。取得時効を否定するには他主占有である事情の立証を要する。

⑤債権は、時効取得できないのが原則である。ただし、不動産の賃借権は、時効取得できる。

⑥時効の効力は、起算日に遡るため、取得時効を援用すると、起算日に権利を原始取得したことになる。

2 消滅時効

⑦一般の債権は、債権者が権利を行使できることを知った時から5年間行使しないと、時効によって消滅する。権利を行使できる時から10年間行使しない場合も同じ。

⑧消滅時効を援用できるのは、債務者・保証人・物上保証人・第三取得者など正当な利益のある者であり、後順位抵当権者は援用できない。

3 時効の完成猶予と更新

⑨裁判上の請求をすると、裁判確定まで時効の完成が猶予され、勝訴判決確定時から、新たな時効が進行する。

⑩債務者が債務の存在を承認した場合、その時から新たに時効が進行を始める。

⑪時効の完成猶予や更新は、その事由が生じた当事者及びその承継人にのみ効力が及ぶ。

学習日	月　日	月　日	月　日	月　日
正答数	／5	／5	／5	／5
解答時間	分	分	分	分

出た過去問！出る予想問！ 目標2分で答えよう

❑❑❑ Aは、甲不動産をその占有者Bから購入し引渡しを受けていたが、実は甲不動産はC所有の不動産であった。Bが善意無過失で7年間、Aが悪意で3年間占有していた場合、Aは、甲不動産を時効取得できない。[H29-30-4]

☞③ 答 ×

❑❑❑ A所有の甲土地につき、20年間占有を継続してきたBが取得時効を援用した場合、取得時効の成立を否定するためには、Aの側において、他主占有事情の立証では足りず、Bの占有が賃貸借など他主占有権原に基づいて開始された旨を立証しなければならない。[H23-28-1]

☞④ 答 ×

❑❑❑ 取得時効においては、時効期間中に目的物に生じた果実は、時効取得者に帰属する。[H7-28-4]

☞⑥ 答 ○

❑❑❑ 保証人や連帯保証人は、主たる債務の消滅時効を援用することはできるが、物上保証人や抵当不動産の第三取得者は、被担保債権の消滅時効を援用することはできない。[R1-27-エ]

☞⑧ 答 ×

❑❑❑ A所有の甲地をB・Cの2人が占有して取得時効が完成しそうな場合に、AがBに対してだけ完成を猶予する行為をしたときは、Bの取得時効のみ完成が猶予され、Cの取得時効の完成が猶予されることはない。[H22-28-5改]

☞⑪ 答 ○

11 物権変動(1)

必ず出る！基礎知識 目標5分で覚えよう

1 物権変動の対抗要件

①物を直接かつ排他的に支配して利益を得る権利を物権といい、その発生・変更・消滅が物権変動である。

②不動産の物権変動を第三者に対抗するには、登記が必要であり、動産の物権変動なら、引渡しが必要である。

③全くの無権利者・不法占拠者など、登記のないことを主張する正当な利益のない者には、登記なしで対抗できる。

④一般債権者には登記なしで物権変動を対抗できるが、差押債権者や賃借人に対しては、登記が必要である。

⑤単なる悪意の第三者には、登記が必要だが、背信的悪意者には、登記なしで不動産の物権変動を主張できる。

⑥背信的悪意者から譲り受けた転得者に不動産の物権変動を対抗するには、転得者自身が背信的悪意者と評価されない限り、登記が必要である。

⑦仮登記には、本登記の順位を保全する効力があるだけで、対抗力はない。

2 動産の即時取得（善意取得）

⑧動産の占有者を所有者と過失なく信頼し、取引行為により動産を取得した者は、所有権を原始取得する。

⑨占有改定によって動産の占有を取得しても、即時取得はできない。

⑩即時取得できるのは、有効な取引行為によって動産の占有を取得した場合だけである。

⑪無権代理人や制限行為能力者から動産を取得しても、即時取得できない。

⑫盗品は、2年間即時取得できない。被害者は取り戻せるが、善意で商人から買った者には代価の弁償が必要。

学習日	月　日	月　日	月　日	月　日
正答数	／4	／4	／4	／4
解答時間	分	分	分	分

出た過去問！出る予想問！ 目標2分で答えよう

❑❑❑ Ａ所有の甲地がＢに譲渡され、さらにＡＢ間の譲渡の事実を知っているＣに譲渡されてＣに所有権移転登記がされた場合、Ｂは登記なくしてＣに対抗することができる。［H12-28-イ］ ☞⑤答×

❑❑❑ Ａの所有する甲土地につきＡがＢに対して売却した後、Ａが重ねて甲土地を背信的悪意者Ｃに売却し、さらにＣが甲土地を悪意者Ｄに売却した場合に、第一買主Ｂは、背信的悪意者Ｃからの転得者であるＤに対して登記をしていなくても所有権の取得を対抗できる。［H17-25-2］ ☞⑥答×

❑❑❑ 甲土地はＡの所有に属していたところ、Ｂが甲土地を買い受ける契約が締結され、Ｂ名義での所有権移転の仮登記がされた場合において、Ａが甲土地をその事情を知らないＦに売却し所有権移転登記をしたときは、Ｂは本登記をしない限りＦに対して所有権の取得を対抗することができない。［H30-29-エ］ ☞⑦答○

❑❑❑ 成年被後見人Ａは、その所有するパソコンをＢに売却したが、Ｂは、Ａが成年被後見人である事実について善意・無過失であった場合、Ａの所有する物について、Ｂは、即時取得により所有権を取得する可能性がある。［H17-26-ウ］ ☞⑪答×

12 物権変動(2)

必ず出る！基礎知識 目標5分で覚えよう

1 二重譲渡

①不動産が二重に譲渡された場合、原則として先に登記を備えた方が所有権を取得する。

2 取消し・契約の解除と登記

②取消しによる権利の回復をその後に現われた第三者に主張するには、登記などの対抗要件が必要である。契約の解除による権利の回復も同じ。

③不動産の売主が売買契約を取り消した後に、買主がその不動産を転売した場合、売主と転得者との優劣は、登記の具備で決まる。

3 時効と登記

④取得時効進行中の不動産が第三者に売却されても、時効取得者は、常にその不動産の所有権を取得できる。

⑤取得時効の完成した不動産が第三者に売却された場合、時効取得者と第三者の優劣は、登記の具備で決まる。

⑥取得時効の起算点は、現実に占有を開始した時点である。

4 相続と登記

⑦法定相続分を超える部分の権利の承継を第三者に対抗するには、登記などの対抗要件を備える必要がある。

⑧遺産分割により相続分と異なる権利を取得した相続人は、登記をしないと、分割後の第三者に対抗できない。

⑨相続放棄の効力は絶対的で、何人に対しても登記なしで効力を生じる。

⑩共同相続による共有持分の取得を第三者に主張するのに、登記は必要ない。

学習日	月　日	月　日	月　日	月　日
正答数	／4	／4	／4	／4
解答時間	分	分	分	分

出た過去問！出る予想問！ 目標2分で答えよう

❑❑❑ AがBに対しAの所有する不動産を売却した後に、同不動産を重ねてCにも売却した場合において、B、Cのうち、同不動産の引渡しまたは登記の移転を先に受けた方がその所有権を取得する。[H16-25-5]

☞①答×

❑❑❑ AからBに不動産の売却が行われた後に、AがBの詐欺を理由に売買契約を取り消したにもかかわらず、Bがこの不動産をCに転売してしまった場合に、Cは善意であっても登記を備えなければ保護されない。[H20-29-2]

☞②③答○

❑❑❑ 不動産を時効により取得した占有者は、取得時効が完成する前に当該不動産を譲り受けた者に対して、登記がなければ時効取得をもって対抗することができない。[H25-28-2]

☞④答×

❑❑❑ 甲土地が相続によりAおよびEの共有に属していたところ、AがEに無断でAの単独所有名義の登記をしてBとの間で本件売買契約を締結し、Bが所有権移転登記をした場合において、Bがその事情を知らず、かつ、過失がないときは、Bは甲土地の全部について所有権を取得する。[H30-29-ウ]

☞⑩答×

13 所有権

必ず出る！基礎知識　目標5分で覚えよう

1 所有権の取得とその内容

①所有者のない動産を、所有の意思をもって占有すると、その所有権を原始取得する。

②不動産に他人の物が付合した場合、その物は、原則として不動産の所有者に帰属する。

③他人の物に工作を加えた場合、加工物は、原則として材料の所有者のものになるが、材料価格を著しく上回る価値が生じた場合は，加工者のものになる。

④隣地の竹木の枝が侵入してきたら、隣地の所有者に切除を請求できる。侵入物が根なら、自分で切除できる。

⑤土地の所有者は、無断で建物を建て土地を占拠する者に建物収去・土地明渡しを請求できる。建物が譲渡された場合は、譲受人と登記を保有する譲渡人に請求できる。

⑥袋地(ふくろち)の所有者は、登記がなくても，周囲の土地の所有者に対して囲繞地(いにょうち)通行権を主張できる。

2 共　有

⑦共有者は、共有物全部について、その持分に応じた使用収益ができる。

⑧共有物の変更には、共有者全員の同意を要する。

⑨共有物の変更を伴わない利用・改良行為は、持分価格の過半数で決する。

⑩共有物の保存行為は、各共有者が単独でできる。

⑪共有者が持分を放棄した場合や死亡し相続人も特別縁故者への分与もない場合、その持分は他の共有者に帰属。

⑫各共有者は、いつでも分割請求を行うことができるのが原則であるが、５年以内の期間であれば、共有者は、不分割特約を締結できる。

学習日	月　日	月　日	月　日	月　日
正答数	／5	／5	／5	／5
解答時間	分	分	分	分

出た過去問！出る予想問！ 目標2分で答えよう

❑❑❑ Aは、所有者のいない動産を所有の意思をもって占有を始めた場合、その動産の所有権を取得する。
[H18-29-5]
☞①答○

❑❑❑ 甲土地に所在するAの竹木の枝が境界線を越えて乙土地に侵入した場合、乙土地を所有するBは、自らその枝を切除することができる。[H27-29-2]
☞④答×

❑❑❑ Dが所有する丙土地の上に、Eが権原なく丁建物を建設し、自己所有名義で建物保存登記を行った上でこれをFに譲渡したが、建物所有権登記がE名義のままとなっていた場合、Dは登記名義人であるEに対して丁建物の収去を求めることができる。[H29-31-5]
☞⑤答○

❑❑❑ 甲土地が乙土地に囲まれて公道に通じていない場合、甲土地の所有者Aが乙土地の所有者Bに対して囲繞地通行権を主張するためには、Aは甲土地の所有権の登記を具備していなければならない。
[H24-29-1]
☞⑥答×

❑❑❑ A、B、C三人がDから自動車1台を購入する契約をし、その売買代金として300万円の債務を負っている。購入した自動車がA、B、C三人の共有となった場合には、Aは、自動車の全部について、その持分に応じた使用をすることができる。
[H20-33-ウ]
☞⑦答○

14 占有権・地役権

必ず出る！基礎知識 目標5分で覚えよう

1 占有権

①物を自分の支配下に置くことを占有という。他人を通じた間接的な支配でも、占有が認められる（代理占有）。

②賃貸人は、賃借人を通じて間接的に賃貸物を支配しているため、賃貸人にも賃貸物の占有権が認められる。

③占有権を移転する方法として、現実の引渡し・簡易の引渡し・占有改定・指図による占有移転がある。

④占有物を返還する場合、占有者は必要費の償還を請求できる。

⑤占有が侵害された場合にその侵害の排除を求める占有訴権は、占有者であれば、誰にでも認められる。

⑥占有を奪われた場合、侵奪時から１年以内なら、占有者は、占有回収の訴えにより、返還請求ができる。しかし、騙し取られても、占有回収の訴えは提起できない。

⑦侵奪者に故意・過失があり、侵奪行為が不法行為に当たる場合には、損害賠償請求もできる。

2 地役権

⑧地役権とは、要役地（自分の土地）の便益のために、承役地（他人の土地）を利用する権利である。

⑨地役権者は、設定行為で定めた目的に従い、他人の土地を自己の土地の便益に供する権利を有する。

⑩地役権者は、妨害排除請求や妨害予防請求をすることはできるが、承役地上の建物の収去請求や明渡請求をすることはできない。

学習日	月　日	月　日	月　日	月　日
正答数	／5	／5	／5	／5
解答時間	分	分	分	分

出た過去問！出る予想問！ 目標2分で答えよう

□□□ 土地の所有者が自己所有地を他人に賃貸して土地を引き渡した場合、土地の占有権は賃借人に移転するから、所有者は土地の占有権を失う。[H14-28-1]

☞②答×

□□□ Aは、Bに対して自己所有の土地を売り渡したが、この売買契約と同時に買戻しの特約をしていた場合において、Aが買戻権を行使したときは、この売買契約成立後Aが買戻権を行使するまでにBがその土地につき必要費を支出していたとしても、Bは、Aに対してこの費用の償還請求をすることができない。[H21-32-イ]

☞④答×

□□□ だまされて任意に自己所有の動産を他人に引き渡した者は、占有回収の訴えを提起してその動産を取り戻すことができる。[H14-28-3]

☞⑥答×

□□□ 占有者がその占有を奪われたときは、占有回収の訴えにより、その物の返還を請求することはできるが、損害の賠償を請求することはできない。[H29-31-3]

☞⑦答×

□□□ A所有の甲土地とB所有の乙土地が隣接し、甲土地の上にはC所有の丙建物が存在している。A・B間で、乙土地の眺望を確保するため、甲土地にいかなる工作物も築造しないことを内容とする地役権を設定し登記していた場合において、Cが賃借権に基づいて甲土地に丙建物を築造したときは、Bは地役権に基づき建物の収去を求めることができる。[R1-30-イ]

☞⑨⑩答×

担保物権(1)

必ず出る！基礎知識 目標5分で覚えよう

1 担保物権の通有性

①被担保債権がなければ、担保物権は存在せず、被担保債権が消滅すると、担保物権も消滅する。また、被担保債権が移転すると、担保物権もそれに伴って移転する。

②全額弁済されるまで、目的物全部に権利を行使できる。

③担保物が滅失しても、担保物権は、それに代わる物に効力を及ぼす（物上代位性）。ただし、留置権には、物上代位性はない。

④物上代位をするためには、払渡しまたは引渡しの前に担保権者が自ら差押えをしなければならない。

⑤目的債権が譲渡され、第三者に対する対抗要件を備えた後でも、設定登記済みの抵当権なら、物上代位できる。しかし、動産売買の先取特権なら、物上代位できない。

⑥抵当不動産が賃貸された場合、賃料債権に物上代位できる。しかし、転貸料債権には原則としてできない。

2 質権・留置権・先取特権

⑦質権は、財産権をその目的とすることができる。

⑧留置権は、物権であり、誰に対しても主張できる。

⑨建物の占有者が必要費・有益費を支出した場合、それが償還されるまで建物を留置し、居住できる。ただし、賃料相当額を支払う必要がある。

⑩賃借人が必要費・有益費を支出しても、それが賃貸借解除後では、留置権は成立しない。

⑪第一譲受人が二重譲渡された不動産の引渡しを受け、占有しても、登記を備えた第二譲受人の引渡請求に対して留置権を主張できない。

⑫留置権を行使しても、債権の消滅時効は進行する。

学習日	月　日	月　日	月　日	月　日
正答数	／5	／5	／5	／5
解答時間	分	分	分	分

出た過去問！出る予想問！ 目標 2 分で答えよう

❑❑❑ 対抗要件を備えた抵当権者は、物上代位の目的債権が譲渡され、譲受人が第三者に対する対抗要件を備えた後であっても、第三債務者がその譲受人に対して弁済する前であれば、自ら目的債権を差し押さえて物上代位権を行使することができる。[H26-30-1]

☞⑤答○

❑❑❑ 抵当不動産が転貸された場合、抵当権者は、原則として、転貸料債権（転貸賃料請求権）に対しても物上代位権を行使することができる。[H30-30-4]

☞⑥答×

❑❑❑ 質権は、債権などの財産権の上にこれを設定することができる。[R30-31-5]

☞⑦答○

❑❑❑ A・B間の家屋売買契約が解除されても、買主Aは解除前に支出した有益費の償還を受けるまで家屋を留置することができるが、Aは、留置中にこれを使用することにより、法律上の原因なく利得することとなるから、その利得を不当利得として返還する義務がある。[H21-32-ア]

☞⑨答○

❑❑❑ Aが自己所有の建物をBに売却し引き渡したが、登記をBに移転する前にCに二重に売却しCが先に登記を備えた場合、Bは、Cからの建物引渡請求に対して、Aに対する損害賠償債権を保全するために留置権を行使することができる。[H27-30-2]

☞⑪答×

16 担保物権(2)

必ず出る！基礎知識 目標5分で覚えよう

1 質権・先取特権

①動産質の目的物を奪われた場合、質権者は、占有回収の訴えによってのみ、目的物を回復することができる。

②動産質権者は、継続して質物を占有しなければ、第三者に対抗することができない。

③不動産賃貸の先取特権は、即時取得できる。

2 抵当権

④抵当権は、不動産・地上権・永小作権に設定できる。

⑤将来発生する債権のために抵当権を設定できる。

⑥抵当権の効力は、抵当権設定当時に存在した従物にも、原則として及ぶ。従物について対抗要件は不要である。

⑦借地上の建物に設定された抵当権の効力は、原則として借地権にも及ぶ。

⑧被担保債権に不履行があれば、抵当権は、その後に生じた抵当不動産の果実にも及ぶ。

⑨利息などの定期金や遅延損害金は、満期になった最後の２年分のみ抵当権によって担保される。

⑩抵当権設定後に抵当地に建物が建てられた場合、抵当権者は、土地と共に建物も競売できる。ただし、優先弁済を受けられるのは、土地の代価だけである。

⑪抵当権者には対抗できないが、競売手続開始前から使用収益している建物の賃借人は、建物の買受人に使用の対価を支払えば、6か月間、建物の明渡しを猶予される。

⑫抵当不動産の不法占拠によって交換価値の実現が妨げられ、優先弁済権の行使が困難な場合、抵当権に基づく妨害排除請求として不法占拠者の排除を請求できる。

学習日	月　日	月　日	月　日	月　日
正答数	／6	／6	／6	／6
解答時間	分	分	分	分

出た過去問！出る予想問！ 目標2分で答えよう

❑❑❑ 動産質権者は、継続して質物を占有しなければ、その質権をもって第三者に対抗することができず、また、質物の占有を第三者によって奪われたときは、占有回収の訴えによってのみ、その質物を回復することができる。[R1-31-1]　☞①②答○

❑❑❑ Aは、Bから建物を賃借し、Aは、その建物内に電気製品等の動産を備え付けている。これらの動産がCの所有物である場合、Bがこれらの動産について先取特権を即時取得することはできない。[H19-30-ア]　☞③答×

❑❑❑ 将来発生する債権のために、現在において抵当権を設定することはできないとするのが判例の立場である。[H9-29-5]　☞⑤答×

❑❑❑ 借地上の建物に抵当権が設定された場合において、その建物の抵当権の効力は、特段の合意がない限り借地権には及ばない。[H30-30-2]　☞⑦答×

❑❑❑ 抵当権者が、被担保債権について利息および遅延損害金を請求する権利を有するときは、抵当権者は、原則として、それらの全額について優先弁済権を行使することができる。[H30-30-5]　☞⑨答×

❑❑❑ 抵当権設定後に抵当地に建物が築造された場合に、その建物が抵当権設定者以外の者によって築造されたときは、土地の抵当権者は、抵当地と共に一括してその建物を競売することはできない。[H16-27-4]　☞⑩答×

17 担保物権(3)

必ず出る！基礎知識 目標5分で覚えよう

1 法定地上権

①法定地上権の成立には、抵当権設定当時、土地上に建物が存在し、両者の所有者が同一でなければならない。

②土地と建物の登記名義まで同一である必要はない。また、後に所有者が変わってもよい。

③建物共有者の１人が土地を所有する場合は、法定地上権が成立するが、土地共有者の１人が建物を所有する場合は、法定地上権は成立しない。

④一番抵当権設定時は要件を満たさないが、二番抵当権設定時には要件を満たす場合、土地抵当では法定地上権は成立しない。しかし、建物抵当では成立する。

2 抵当権の消滅

⑤被担保債権が利息なども含め全額弁済されて消滅すると、抵当権も消滅する（担保物権の付従性）。

⑥債務者・抵当権設定者でない者が、抵当不動産を時効取得すると、抵当権は消滅する。

3 根抵当権

⑦元本確定前の根抵当権は、付従性も、随伴性もない。

⑧元本確定前に極度額を変更するには、利害関係人の承諾が必要である。

⑨元本確定前なら、根抵当権者は、設定者の承諾を得て、根抵当権を譲渡できる。

⑩元本確定期日の定めがない場合、根抵当権者は、いつでも元本の確定を請求でき、請求時に元本は確定する。

⑪確定した被担保債権が極度額を超えている場合、物上保証人などは、極度額を支払って、根抵当権を消滅させることができる。

学習日	月　日	月　日	月　日	月　日
正答数	／4	／4	／4	／4
解答時間	分	分	分	分

出た過去問！出る予想問！ 目標2分で答えよう

❑❑❑ AとBが建物を共同で所有し、Aがその建物の敷地を単独で所有している場合において、Aがその土地上に抵当権を設定したが、抵当権の被担保債権について弁済できなかったので、その抵当権が実行され、その土地は買受人Cが取得した。この場合、この建物のために法定地上権は成立しない。
[H23-30-5]　☞③ 答 ×

❑❑❑ Aに対して債務を負うBは、Aのために、自己が所有する土地に抵当権を設定した（他に抵当権者は存在しない）。BがAに対し、残存元本に加え、最後の2年分の利息および遅延損害金を支払った場合には、Aの抵当権は、確定的に消滅する。
[H21-29-ウ]　☞⑤ 答 ×

❑❑❑ Aに対して債務を負うBは、Aのために、自己が所有する土地に抵当権を設定した（他に抵当権者は存在しない）。第三者Cが、土地の所有権を時効によって取得した場合には、Aの抵当権は、確定的に消滅する。[H21-29-エ]　☞⑥ 答 ○

❑❑❑ Aは債権者Bのため、A所有の甲土地に、被担保債権の範囲をA・B間の継続的売買に係る売掛代金債権とし、その極度額を1億円とする根抵当権を設定した。元本確定前においては、Bは、甲土地に対する根抵当権をAの承諾を得てEに譲り渡すことができる。[H28-31-3]　☞⑨ 答 ○

---

18 債 権 (1)

必ず出る！基礎知識 目標5分で覚えよう

1 種類債権

①給付予定の物が滅失した場合には、種類債権の債務者は、改めて市場から目的物を調達しなければならない。

②債務者が物の給付に必要な行為を完了すると、種類債権の目的物は特定の物に決定する。

2 弁済と弁済の提供

③債務の弁済により、債権は消滅する。

④詐称代理人など、受領権者ではないが、取引上の社会通念に照らして受領権者としての外観を有する者に対して、善意無過失で行った弁済は有効である。

⑤債務の性質上許されない場合、または当事者が禁止・制限した場合を除き、第三者も弁済できる。

⑥弁済する正当な利益のない第三者は、債務者または債権者の意思に反して弁済できないのが原則である。

⑦有効な弁済をした第三者は、債務者に求償できる。

⑧債務者のために弁済した者は、債権者に代位し、債権の効力及び担保として債権者にあった一切の権利を求償権の範囲内で行使できる。

⑨弁済する正当な利益がない者の代位には、債権譲渡と同様の対抗要件を要する。保証人には正当な利益がある。

⑩弁済の提供をすると、債務者は、債務を履行しないことによって生ずべき責任を免れる。

⑪債権者が予め受領を拒絶していた場合、弁済の準備をして受領を催告すれば、弁済の提供になる（口頭の提供）。受領拒絶の意思が明確なら、口頭の提供も不要。

⑫債権者が弁済の提供の受領を拒んだ場合、弁済者は、弁済の目的物を供託して債権を消滅させることができる。

学習日	月　日	月　日	月　日	月　日
正答数	／4	／4	／4	／4
解答時間	分	分	分	分

出た過去問！出る予想問！ 目標2分で答えよう

❏❏❏ Aが「もち米」を50キロ買う契約をB米店との間で行った。目的物が特定される前に、隣家の火災によりB米店の「もち米」がすべて焼失してしまった場合、その焼失はBの責任ではないので、Bは他から「もち米」を再調達して引き渡す義務はない。[H19-31-3] ☞①答×

❏❏❏ 他人名義の預金通帳と届出印を盗んだ者が銀行の窓口でその代理人と称して銀行から払戻しを受けた場合に、銀行が、そのことにつき善意であり、かつ過失がなければ、当該払戻しは、有効な弁済となる。[H26-33-ア改] ☞④答○

❏❏❏ 債権者があらかじめ弁済の受領を拒んでいる場合、債務者は、口頭の提供をすれば債務不履行責任を免れるが、債権者において契約そのものの存在を否定する等弁済を受領しない意思が明確と認められるときは、口頭の提供をしなくても同責任を免れる。[H30-31-4] ☞⑩⑪答○

❏❏❏ 債権者があらかじめ金銭債務の弁済の受領を拒んでいる場合、債務者は、口頭の提供をした上で弁済の目的物を供託することにより、債務を消滅させることができる。[H30-31-5] ☞⑫答○

19 債権（2）

必ず出る！基礎知識　目標5分で覚えよう

1 代物弁済と相殺

①代物弁済によって債務が消滅するのは、他の給付の完了時である。動産なら引渡時、不動産なら登記時である。

②受働債権の弁済期が到来していなくとも、期限の利益を放棄すれば、相殺できる。

③相殺適状になった後に自働債権が時効消滅しても、その債権で相殺できる。

④悪意による不法行為や人の生命・身体の侵害による損害賠償請求権を受働債権とする相殺は禁止されている。

⑤受働債権の差押後に自働債権を取得しても、相殺はできない。逆に、差押前に自働債権取得なら、自働債権と受働債権との弁済期の先後を問わず、相殺できる。

2 債権譲渡と債務引受

⑥将来発生する債権も譲渡でき、譲受人は、発生した債権を当然に取得する。

⑦譲渡制限特約があっても、債権譲渡は有効である。

⑧譲渡制限特約を知り、または知らないことに重過失のある譲受人も、債権を取得できる。しかし、債務者は履行を拒絶し、譲渡人に弁済できる。

⑨債権譲渡は、譲渡後に譲渡人が債務者に通知、または債務者が承諾すると、債務者に対抗できる。通知・承諾を確定日付のある証書で行うと、第三者にも対抗できる。

⑩免責的債務引受は、債権者と引受人のみの契約ででき、債権者が債務者に通知した時に、効力を生じる。

⑪併存的債務引受は、債権者と引受人のみの契約でできる。また、債務者と引受人のみの契約でもでき、債権者の承諾時に効力を生じる。

学習日	月　日	月　日	月　日	月　日
正答数	／4	／4	／4	／4
解答時間	分	分	分	分

出た過去問！出る予想問！ 目標2分で答えよう

❑❑❑ 金銭債務を負担した債務者が、債権者の承諾を得て金銭の支払に代えて不動産を給付する場合において、代物弁済が成立するためには、債権者に所有権を移転させる旨の意思表示をするだけでは足りず、所有権移転登記がされなければならない。
[H30-31-3]
☞①答○

❑❑❑ AがBに対して平成20年5月5日を弁済期とする300万円の売掛代金債権を有し、BがAに対して平成20年7月1日を弁済期とする400万円の貸金債権を有している。この場合に、平成20年5月10日にAがBに対してする相殺は効力が生じる。[H20-34-ア]
☞②答○

❑❑❑ A銀行がBに対して平成19年7月30日に期間1年の約定で貸し付けた400万円の貸金債権を有し、他方、BがA銀行に対して平成20年7月25日を満期とする400万円の定期預金債権を有していたところ、Bの債権者CがBのA銀行に対する当該定期預金債権を差し押さえた。この場合に、平成20年8月1日にA銀行がBに対してする相殺は効力が生じる。[H20-34-ウ]
☞⑤答○

❑❑❑ 免責的債務引受は、債権者と引受人のみの契約でなすことはできず、債務者（原債務者）を含む三者間の契約でしなければならない。[H26-32-ア]
☞⑩答×

20 債務不履行

必ず出る！基礎知識　目標5分で覚えよう

1 履行遅滞と履行不能

①確定期限のある債務が履行遅滞となるのは、**期限が到来**したときである。

②不確定期限のある債務が履行遅滞となるのは、期限到来後に債権者からの**履行請求**があったとき、または債務者が**期限の到来を知った**ときのいずれか早いときである。

③期限の定めのない債務が履行遅滞となるのは、債権者から**履行請求**があったときである。

④**履行不能**とは、契約などの債務の発生原因や取引上の社会通念に照らして履行できない状態になることをいう。

⑤不動産が二重に譲渡され、一方への**所有権移転登記**が完了すると、他方に対する債務は履行不能になる。

2 債務不履行に基づく損害賠償請求

⑥債権者は、履行遅滞なら**遅延賠償**を、契約前からの不能も含め履行不能なら**塡補賠償**を請求できる。帰責事由のないことを立証した債務者は、賠償責任を免れる。

⑦債務者が遅滞の責任を負っている間に、双方に帰責事由なく履行不能になった場合、債務者の**帰責事由**による履行不能とみなされる。

⑧債務者に**同時履行の抗弁権**がある場合は、弁済の提供によって、それを封じないと、損害賠償請求ができない。

⑨損害賠償の対象は、通常生じる損害（**通常損害**）と、債務不履行時に債務者が予見可能であった特別の事情によって生じた損害（**特別損害**）である。

⑩履行不能による損害賠償額は、原則として**履行不能時**を基準に算定する。

学習日	月　日	月　日	月　日	月　日
正答数	／5	／5	／5	／5
解答時間	分	分	分	分

出た過去問！出る予想問！ 目標2分で答えよう

❑❑❑ 不確定期限がある債務については、その期限が到来した時ではなく、債務者が請求を受けた時または履行期の到来を知った時の早い方から履行遅滞になる。［H28-33-1 改］ ☞②答○

❑❑❑ AがBに対して自己所有の家屋を売る契約をした。Bが登記を備える前に、AがCに対して当該家屋を二重に売ってしまった場合、CがBより先に仮登記を備えたときでも、AのBに対する債務は未だ履行不能とはならない。［H20-32-2］ ☞⑤答○

❑❑❑ 債務者が自己の債務を履行しない場合、その債務不履行につき帰責事由がないことを債務者の側において立証することができなければ、債務者は債務不履行責任を免れることができない。［H28-33-2］ ☞⑥答○

❑❑❑ AがBに対して自己所有の家屋を売る契約をした。Aが当該家屋をBに引き渡すまでの間は善管注意義務をもって当該家屋を保存・管理しなければならないので、Aの履行遅滞中に不可抗力で当該家屋が滅失してもAが善管注意義務を尽くしていれば責任を負わない。［H20-32-1］ ☞⑦答×

❑❑❑ 特別の事情によって生じた損害につき、債務者が契約締結時においてその事情を予見できなかったとしても、債務不履行時までに予見可能であったと認められるときは、債務者はこれを賠償しなければならない。［H28-33-5］ ☞⑨答○

21 責任財産保全

必ず出る！基礎知識 目標5分で覚えよう

1 債権者代位権

①資力の不十分な債務者が自らの権利を行使しないため、債権を回収できなくなるおそれのある場合、債権者が代わりに自己の名で権利行使できる。

②遺留分侵害額請求権は行使上の一身専属権であり、権利行使の確定的意思のあることを外部に表明したと認められる特段の事情がない限り、代位行使できない。

③金銭の支払請求権・物の引渡請求権の代位行使なら、債権者は直接自己への支払・引渡しを請求できる。

④登記がないと権利の得喪及び変更を第三者に対抗できない財産を譲り受けた者は、譲渡人が第三者に対する登記請求権を行使しない場合、その権利を行使できる。

2 詐害行為取消権（債権者取消権）

⑤詐害行為取消権が成立するには、被保全債権が詐害行為の前に成立し、詐害行為時に存在していなければならない。履行期の到来は必要ない。

⑥詐害行為取消権を行使するには、詐害行為時だけでなく取消権行使時にも、債務者が無資力である必要がある。

⑦相当の対価を得ていても、不動産の売却など、隠匿等のおそれのある処分なら、詐害行為取消請求ができる。

⑧担保の供与や過大でない債務の消滅行為は、債務者が支払不能時に受益者と通謀して他の債権者を害する意図で行った場合に限り、取消請求ができる。

⑨遺産分割協議は、その性質上、財産権を目的とする法律行為であり、詐害行為取消権の対象になる。

⑩詐害行為取消権の行使には、取消訴訟の提起が必要。

⑪金銭や物は、直接債権者への引渡しを請求できる。

学習日	月　日	月　日	月　日	月　日
正答数	／5	／5	／5	／5
解答時間	分	分	分	分

出た過去問！出る予想問！ 目標2分で答えよう

□□□ 債権者は、債務者に属する物権的請求権のような請求権だけでなく、債務者に属する取消権や解除権のような形成権についても代位行使することができる。[H28-32-2]
☞①答○

□□□ 債権者は、債務者に属する権利を、債権者自身の権利として行使するのではなく、債務者の代理人として行使することができる。[H28-32-3] ☞①答×

□□□ 債権者は、債務者の財産から満足を得られない場合には、債権取得前に債務者が行った贈与契約を詐害行為として取り消して財産を取り戻すことができる。[H12-29-ア]
☞⑤答×

□□□ 遺産分割協議は、共同相続人の間で相続財産の帰属を確定させる行為であるが、相続人の意思を尊重すべき身分行為であり、詐害行為取消権の対象となる財産権を目的とする法律行為にはあたらない。[H25-30-1]
☞⑨答×

□□□ 詐害行為取消権は、総ての債権者の利益のために債務者の責任財産を保全する目的において行使されるべき権利であるから、取消しに基づいて返還すべき財産が金銭である場合に、取消権者は受益者に対して直接自己への引渡しを求めることはできない。[H25-30-5]
☞⑪答×

22 連帯債務

必ず出る！基礎知識 目標5分で覚えよう

1 連帯債務の性質

①連帯債務は、１つの債務ではなく、債務者ごとに別個独立の債務が存在する。

②連帯債務者は、各自が独立して全額を弁済する義務があるから、債権者は、全員に対して同時に全額の支払を請求することもできる。

③債権者が連帯債務者の１人に対して履行を請求しても、他の連帯債務者には効力が及ばない。

④連帯債務者の１人についての免除や消滅時効の完成も、他の連帯債務者には効力が生じない。

⑤連帯債務者の１人が弁済をすれば、債務は全て消滅する。

⑥反対債権を持つ連帯債務者が相殺すると、他の連帯債務者の債務も消滅する。相殺しない場合、その連帯債務者の負担部分の限度で、他の連帯債務者は履行を拒める。

⑦連帯債務者の１人の債務が免除されたり、消滅時効が完成したりしても、他の連帯債務者には効力が及ばない。

2 他の連帯債務者への求償

⑧自己の負担部分以下の弁済でも、弁済者は、他の連帯債務者に対して各自の負担部分に応じて求償できる。

⑨自己の負担部分を償還できない者がいれば、求償者と他の連帯債務者が負担部分に応じて肩代わりをする。

⑩連帯債務者の１人が事前通知を怠って弁済すると、他の連帯債務者は、その負担部分について、債権者に対抗できる事由を弁済者に対しても主張できる。

⑪連帯債務者の１人が弁済後の通知を怠ったため、他の連帯債務者が知らずに事前通知をして弁済した場合、他の連帯債務者の弁済が有効とみなされる。

学習日	月　日	月　日	月　日	月　日
正答数	／3	／3	／3	／3
解答時間	分	分	分	分

出た過去問！出る予想問！ 目標2分で答えよう

❑❑❑ A、B、C三人がDから自動車1台を購入する契約をし、その売買代金として300万円の債務を負っている。自動車の売買代金300万円について、A、B、C三人が連帯債務を負担する場合において、Aについては制限行為能力を理由に契約の取消しが認められるときには、Aの負担部分については、BおよびCも、その債務を免れる。[H20-33-オ]

☞①答×

❑❑❑ A、B、C三人がDに対して60万円の連帯債務を負っている。DがAに対して60万円の債務を免除した場合に、A、B、C三人の負担部分が平等であるときは、B、Cは40万円ずつの連帯債務を負うことになる。[H21-31-ウ改]

☞⑦答×

❑❑❑ 共同事業を営むAとBは、Cから事業資金の融資を受けるに際して、共に弁済期を1年後としてCに対し連帯して1,000万円の貸金債務を負担した（負担部分は2分の1ずつとする。）。本件貸金債務につき、AがCに弁済した後にBに対してその旨を通知しなかったため、Bは、これを知らずに、Aに対して事前に弁済する旨の通知をして、Cに弁済した。この場合、Bは、Aの求償を拒み、自己がAに対して500万円を求償することができる。

[H29-32-5]

☞⑪答○

23 保証債務

必ず出る！基礎知識 目標5分で覚えよう

1 保証

①保証債務は、債権者と保証人との書面での保証契約によって成立する。

②事業のために負担した貸金債務を個人が保証する場合、公正証書で履行意思を表示しないと、効力を生じない。

③保証債務は、主たる債務に関する利息、違約金、損害賠償など全ての従属物に及ぶ。

④保証人には、催告の抗弁権と検索の抗弁権がある。しかし、連帯保証人にはない。

⑤債権者が催告等を怠ったため全部の弁済を得られなかった場合、保証人は、債権者が直ちに催告等をしていれば弁済を得られた限度で義務を免れる。

⑥主たる債務者への履行の請求などによる時効の完成猶予及び更新は、保証人に対しても効力を生じる。

⑦保証人は、主たる債務者が主張できる抗弁をもって債権者に対抗できる。

⑧主たる債務者が相殺権・取消権・解除権の行使により債務を免れるべき限度で、保証人は債務の履行を拒める。

2 共同保証

⑨共同保証人は、原則として平等な割合で分割された額についてのみ保証債務を負う。ただし、共同保証人が連帯保証人の場合は、全額の弁済義務を負う。

⑩共同保証人の１人が弁済した場合、主たる債務者に加え、他の共同保証人にも求償できる。ただし、分別の利益がある場合は、弁済時に他の共同保証人が受けた利益のみ求償できる。その後の利息等は求償できない。

学習日	月　日	月　日	月　日	月　日
正答数	／3	／3	／3	／3
解答時間	分	分	分	分

出た過去問！出る予想問！ 目標2分で答えよう

民法

保証債務

❑❑❑ 私は、AがB所有のアパ-トを賃借するにあたりAの保証人となりました。このたびA・B間の契約がAの賃料不払いを理由として解除されたところ、Bは、Aの滞納した賃料だけでなく、Aが立ち退くまでの間に生じた損害の賠償についても保証債務の履行をせよと主張しています。私は、保証債務の履行を拒むことは可能でしょうか。[H22-31-4]

☞③答×

❑❑❑ AはBから1000万円借り受け、Aの依頼によってCおよびDがこの債務について連帯保証人となった。この債務の弁済期到来後、Bが、主債務者Aに請求しないでいきなりCに1000万円の弁済を請求してきた場合、CはBに対してまずAに請求せよと抗弁することができる。[H13-29-1]

☞④答×

❑❑❑ AがBから金1000万円を借り受けるにあたって、CおよびDがそれぞれAから委託を受けて保証人（連帯保証人ではない通常の保証人で、かつお互いに連帯しない保証人）となり、その後CがBに対して、主たる債務1000万円の全額を、同債務の弁済期日に弁済した。CはDに対してのみ求償することができ、求償権の範囲は、500万円および求償権行使までに生じた利息、遅延損害金に及ぶ。

[H26-31-5]

☞⑩答×

---

24 契約総論(1)

必ず出る！基礎知識 目標5分で覚えよう

1 契約の成立

①契約は、契約内容を示した申込みを相手方が承諾したとき（承諾の到達時）に成立する（諾成契約）。ただし、成立に目的物の引渡しが必要な契約もある（要物契約）。

②承諾期間を定めた申込みは、原則として撤回できない。承諾期間の定めがない場合も、承諾の通知を受けるのに相当な期間は撤回できない。

③承諾期間内に承諾がないと、申込みは効力を失う。

④申込者は、遅延した承諾を新たな申込みとみなすことができる。

⑤条件を付すなど、申込みに変更を加えた承諾は、申込みの拒絶とともに新たな申込みをしたものとみなされる。

2 同時履行の抗弁権

⑥双務契約の当事者の一方は、相手方が弁済期にある債務の履行を提供するまでは、自己の債務の履行を拒むことができる（同時履行の抗弁権）。

⑦契約が解除され、双方が原状回復義務を負う場合、その義務は同時履行の関係にある。

⑧同時履行の抗弁権を行使できるのは、相手方に対してのみである。

⑨同時履行の抗弁権があれば、弁済期が到来しても、債務を履行する必要はない。履行を拒んでも、債務不履行責任は発生しない。

⑩本来の給付を求めるために同時履行の抗弁権を封じるには、履行の提供を継続する必要がある。

⑪契約を解除するために同時履行の抗弁権を封じるには、一度、履行の提供をすればよく、継続する必要はない。

学習日	月　日	月　日	月　日	月　日
正答数	／4	／4	／4	／4
解答時間	分	分	分	分

● 出た過去問！出る予想問！ 目標2分で答えよう ●

❑❑❑ 従来、隔地者間では、承諾通知を発信した時に契約が成立するとされていたが、平成29年の改正により、承諾の到達時に契約が成立することになった。[予想問] ☞①答○

❑❑❑ 承諾期間の定めがない場合には、いつでも申込みを撤回できる。[予想問] ☞②答×

❑❑❑ Aが自己所有の事務機器甲をBに売却する旨の売買契約が締結されたが、BはAに対して売買代金を支払わないうちに甲をCに転売してしまった。Aが甲をまだBに引き渡していない場合において、CがAに対して所有権に基づいてその引渡しを求めたとき、Aは、Bから代金の支払を受けていないときは、同時履行の抗弁権を行使してこれを拒むことができる。[H25-29-2] ☞⑧答×

❑❑❑ AがBに対して電気製品を売却する旨の売買契約が締結され、AとBの債務の履行期日は同一とし、AがBのもとに電気製品を持参する旨が約された。Aが履行期日に電気製品をBのもとに持参したが、Bが売買代金を準備していなかったため、Aは電気製品を持ち帰った。翌日AがBに対して、電気製品を持参せずに売買代金の支払を求めた場合、Bはこれを拒むことができる。[H27-32-2] ☞⑩答○

---

25 契約総論(2)

必ず出る！基礎知識　目標5分で覚えよう

1 危険負担

①当事者双方に帰責事由なく、債務が履行不能になった場合、債権者は、反対給付の履行を拒絶できる。また、契約を解除して反対債務を消滅させることもできる。

②例えば、建物が引渡前に落雷により焼失した場合、買主は、代金の支払を拒める。また、契約を解除して代金支払債務を消滅させることもできる。しかし、焼失が引渡後なら、代金支払の拒絶も、契約解除もできない。

③債権者の帰責事由により債務が履行不能になった場合、債権者は反対給付の履行拒絶も、契約解除もできない。ただし、債務者は、債務を免れたことによる利益を債権者に償還しなければならない。

2 契約の解除

④解除とは、契約を一方的に破棄し白紙に戻すことである。

⑤解除は、帰責事由のない債権者を契約関係から解放するものである。債務者の帰責事由という要件は不要。

⑥履行遅滞なら、相当の期間を定めて催告し、その期間内に履行がなければ、契約を解除できる。催告に期間の定めがなくても、相当の期間が経過すると、解除できる。

⑦履行不能の場合や債務者の履行拒絶の意思が明確な場合などには、催告なしに解除できる。

⑧解除には、相手方に対する意思表示が必要であり、解除の効果は、解除の意思表示をして初めて発生する。

⑨解除によって、契約は遡及的に消滅し、当初からなかったことになるため、各当事者は、原状回復義務を負う。

⑩契約の解除前に出現した第三者は、登記などの権利保護要件を備えれば、善意・悪意を問わず保護される。

学習日	月　日	月　日	月　日	月　日
正答数	／4	／4	／4	／4
解答時間	分	分	分	分

出た過去問！出る予想問！ 目標2分で答えよう

□□□ 建物が引渡前に落雷により焼失しても、買主の代金支払債務は残り、代金の支払を拒むことはできない。［予想問］
☞②答×

□□□ 債務不履行を理由に契約を解除できるのは、債務者に帰責事由がある場合だけである。［予想問］
☞⑤答×

□□□ AがBに対して電気製品を売却する旨の売買契約が締結され、AとBの債務の履行期日は同一とし、AがBのもとに電気製品を持参する旨が約された。履行期日にAが電気製品を持参したにもかかわらず、Bが売買代金の支払を拒んだ場合、Aは、相当期間を定めて催告をした上でなければ、原則として本件売買契約を解除することができない。［H27-32-4］
☞⑥答○

□□□ AからBに不動産の売却が行われ、Bはこれをさらに C に転売したところ、Bに代金不払いが生じたため、AはBに対し相当の期間を定めて履行を催告したうえで、その売買契約を解除した場合に、Cは善意であれば登記を備えなくても保護される。
［H20-29-3］
☞⑩答×

---

26 所有権を移転する契約⑴

必ず出る！基礎知識 目標5分で覚えよう

1 贈与

①書面によらない贈与は、解除することができる。ただし、履行の終わった部分については、解除できない。

②「履行の終わった」とは、動産なら引渡し、不動産なら登記または引渡しが行われることである。

③負担付贈与については、贈与者は、その負担の限度で、売主と同じく担保の責任を負う。

④負担付贈与の負担と贈与は同時履行の関係になる。

⑤負担付贈与の受贈者が負担である義務を怠ると、債務不履行として、贈与者は、契約を解除できる。

2 売買

⑥売買契約とは、財産権を与え、その対価として金銭を取得する契約である。売主と買主の合意だけで成立する。

⑦売買の目的物の引渡しに期限がある場合、代金の支払にも同一の期限があると推定される。

⑧目的物を買主に引き渡す前に生じた果実は、売主のもの。

⑨手付を交付した場合、相手方が契約の履行に着手する前であれば、買主はその手付を放棄し、売主はその倍額を現実に提供して、契約を解除できる。

⑩手付による解除をしても、損害賠償の問題は生じない。

⑪売主は、買主に対し、登記・登録など、権利移転の対抗要件を備えさせる義務を負う。

⑫売主が買主に引き渡す目的物は、契約内容に適合した種類・品質・数量でなければならない。買主に移転する権利も、契約内容に適合したものでなければならない。

⑬引き渡した目的物や移転した権利が契約内容に適合しない場合、売主は、債務不履行となる。

学習日	月　日	月　日	月　日	月　日
正答数	／4	／4	／4	／4
解答時間	分	分	分	分

出た過去問！出る予想問！ 目標2分で答えよう

❑❑❑ Aは、自己所有の甲建物をBに贈与する旨を約した。本件贈与が口頭によるものであった場合、贈与契約は諾成契約であるから契約は成立するが、書面によらない贈与につき贈与者はいつでも解除することができるため、甲がBに引き渡されて所有権移転登記が終了した後であっても、Aは本件贈与を解除することができる。[H27-33-1 改]

☞①②答×

❑❑❑ 贈与契約において、受贈者が、受贈の見返りとして贈与者を扶養する義務を負担していたにもかかわらず、この扶養する義務の履行を怠る場合には、贈与者は、贈与契約を解除することができる。[H23-32-1]

☞⑤答○

❑❑❑ 売買契約の成立後、当該売買契約の目的物に生じた果実は、当該目的物の引渡しおよび代金の支払がなくても、買主に帰属する。[H6-30-5]

☞⑧答×

❑❑❑ 売買契約において買主から売主に解約手付が交付された場合に、売主が売買の目的物である土地の移転登記手続等の自己の履行に着手したときは、売主は、まだ履行に着手していない買主に対しても、手付倍返しによる解除を主張することはできない。[H23-32-2]

☞⑨答×

---

27 所有権を移転する契約(2)

必ず出る！基礎知識 目標5分で覚えよう

1 他人物売買

①売買の目的物が他人の物であった場合でも、売買契約は、当事者間では有効であり、売主は、目的物を買主に移転する義務を負う。

2 履行の追完請求等

②引き渡された目的物や権利が契約内容に適合しない場合、帰責事由のない買主は、売主に履行の追完（目的物の修補・代替物の引渡し・不足分の引渡し）を請求できる。

③帰責事由のない買主は、相当の期間を定めて催告したが、期間内に追完がない場合、売主に不適合の程度に応じた代金減額請求ができる。

④追完不能の場合や売主の追完拒絶の意思が明確な場合などには、催告なしで、直ちに代金減額請求ができる。

⑤契約内容の不適合は債務不履行であるから、要件を満たせば、買主は、契約の解除や損害賠償請求もできる。

⑥目的物の種類・品質の不適合の場合、買主は、不適合を知った時から1年以内に売主に通知する必要がある。

⑦通知を怠ると、引渡時に売主が不適合を知り、または重大な過失により知らなかった場合を除き、追完請求などができなくなる。

⑧免責特約があっても、売主は、知りながら告げなかった事実や、自ら第三者のために設定しまたは第三者に譲り渡した権利について責任を免れない。

⑨購入した不動産に契約不適合の先取特権・質権・抵当権が付いており、買主が費用を出して所有権を保存した場合、買主は、売主に費用の償還を請求できる。

学習日	月　日	月　日	月　日	月　日
正答数	／4	／4	／4	／4
解答時間	分	分	分	分

出た過去問！出る予想問！ 目標2分で答えよう

❑❑❑ Aは、BからB所有の絵画を預かっている。Aがこの絵画を自分のものであると偽ってCに売却した場合、Bにこの絵画を手放す意思がないため、Aがこの絵画の所有権を取得してCに移転させることができないときは、この売買契約は無効である。[H15-28-3]

☞① 答×

❑❑❑ 売主から引き渡された目的物が種類、品質または数量に関して契約の内容に適合しないものであるときは、その不適合が買主の責めに帰すべき事由によるものであっても、買主は、履行の追完を請求することができる。[予想問]

☞② 答×

❑❑❑ 履行の追完が不能であっても、買主は、相当の期間を定めて履行の追完の催告をしないと、不適合の程度に応じた代金の減額請求はできない。[予想問]

☞③④ 答×

❑❑❑ 売主が契約の内容に適合しない数量の目的物を買主に引き渡した場合、買主は、その不適合を知った時から1年以内にその旨を売主に通知しないときは、その不適合を理由として、履行の追完の請求、代金の減額の請求、損害賠償の請求及び契約の解除をすることができない。[予想問] ☞⑥⑦ 答×

---

28 他人の物を使用する契約(1)

必ず出る！基礎知識　目標5分で覚えよう

1 消費貸借

①消費貸借は原則として要物契約である。ただし、書面でする消費貸借は諾成契約である。

②書面でする消費貸借の借主は、貸主から目的物を受け取るまで、契約を解除できる。

③貸主は、特約がなければ、借主に利息を請求できない。

④消費貸借では、借りた物の所有権は借主に移り、借主は、後日、同じ物を同じ量だけ別途調達して貸主に返す。

⑤消費貸借の借主は、いつでも返還できる。

⑥返還時期を定めなかった場合、消費貸借の貸主は、相当の期間を定めて返還の催告ができる。そして、相当の期間が経過すると、借主は、履行遅滞の責任を負う。

2 使用貸借

⑦使用貸借は諾成契約である。書面によらない場合は、貸主は、借主が借用物を受け取るまで契約を解除できる。

⑧使用貸借は特殊な関係に基づく恩恵的なただ貸しのため、目的に従った使用収益の終了や借主の死亡により契約は終了する。また、通常の必要費は借主が負担する。

3 賃貸借

⑨賃貸借では、賃貸人が賃借人に目的物の使用収益権を与え、賃借人はその対価として賃料を支払う必要がある。

⑩賃料は、宅地や建物は月末など後払いが原則である。

⑪賃借人が修繕費などの必要費を支出したら、直ちに賃貸人に償還を請求できる。有益費の償還は、賃貸借終了時に価格の増加が現存する場合にのみ請求できる。

⑫賃借人が必要費・有益費を支出後に賃貸人が交替した場合、新賃貸人が償還義務を承継する。

学習日	月　日	月　日	月　日	月　日
正答数	／5	／5	／5	／5
解答時間	分	分	分	分

出た過去問！出る予想問！ 目標2分で答えよう

❑❑❑ 消費貸借については、返還時期に合意がないときには、貸主の請求があれば借主は直ちに返還しなければならない。[H18-32-オ] ☞⑥答×

❑❑❑ 使用貸借の場合も賃貸借の場合も、借主は、目的物の使用および収益に必要な修繕費を負担しなければならない。[H30-32-イ] ☞⑧⑪答×

❑❑❑ 宅地や建物の賃貸借の賃料は、翌月分を毎月末までに賃借人は賃貸人に対して支払わなければならない。[H18-32-イ] ☞⑩答×

❑❑❑ Aは自己所有の甲機械（以下「甲」という。）をBに賃貸した。Bは、本件賃貸借契約において、Aの負担に属するとされる甲の修理費用について直ちに償還請求することができる旨の特約がない限り、契約終了時でなければ、Aに対して償還を求めることはできない。[H29-33-1] ☞⑪答×

❑❑❑ Aは、Bから建物を賃借して居住し、その間に同建物につき有益費を支出したが、その後に、B・C間で賃貸人たる地位の移転が生じた場合に、Aは、原則としてBに対しては有益費の償還を請求することができない。[H21-32-ウ] ☞⑫答○

他人の物を使用する契約(2)

必ず出る！基礎知識　目標5分で覚えよう

1 賃貸借の対抗要件

①建物の賃貸借の対抗要件は、建物の引渡しである。また、借地権の対抗要件は、建物の存在とその登記である。

②対抗要件を備えた賃借人は、賃借物の譲受人に対しても賃借権を主張できる。

③対抗要件を備えた賃貸借の目的物である不動産が譲渡された場合、譲受人は、不動産の所有権と賃貸人たる地位を取得し、登記をすれば、賃借人に対抗できる。

④対抗要件を備えた不動産の賃借人は、不動産の占有の妨害停止請求や不動産の返還請求ができる。

2 賃借権の譲渡・転貸

⑤賃借権の譲渡や転貸には、賃貸人の承諾が必要である。借地上の建物の譲渡は、借地権の譲渡に当たる。

⑥賃貸人に無断で賃借権の譲渡・転貸をし、第三者に賃借物を使用収益させると、背信行為に当たらない特段の事情がない限り、賃貸人は契約を解除できる。

⑦適法な転貸が行われると、転借人は、賃借人の債務の範囲を限度として、賃貸人に対して転貸借に基づく債務を直接履行する義務を負う。

3 賃貸借の終了

⑧賃借人に債務不履行があった場合、賃借人に催告をすれば、賃貸借を解除でき、解除を転借人にも対抗できる。

⑨賃貸人と賃借人が賃貸借契約を合意解除しても、その解除を転借人に対抗できない。

⑩賃貸借が終了し賃貸物の返還を受けた場合や適法に賃借権が譲渡された場合には、賃貸人は、敷金から賃借人の債務を控除した残額を賃借人に返還する必要がある。

学習日	月　日	月　日	月　日	月　日
正答数	／5	／5	／5	／5
解答時間	分	分	分	分

出た過去問！出る予想問！ 目標2分で答えよう

❑❑❑ Aが、Bとの間の土地賃貸借契約に基づいて乙建物を建て、Cとの間の建物賃貸借契約に基づいてCに乙建物を使用させている場合、乙建物の所有権をAから譲り受けたBは、乙建物についての移転登記をしないときは、Cに対して乙建物の賃料を請求することはできない。[H25-32-イ] ☞③答○

❑❑❑ Aは、B所有の甲土地上に乙建物を建てて保存登記をし、乙建物をCが使用している。Aが、Bとの間の土地賃貸借契約に基づいて乙建物を建てている場合、Aが、Cに対して乙建物を売却するためには、特段の事情のない限り、甲土地にかかる賃借権を譲渡することについてBの承諾を得る必要がある。[H25-32-エ] ☞⑤答○

❑❑❑ 賃貸人の承諾がある転貸であっても、これにより賃貸人と転借人間に賃貸借契約が成立するわけではないので、賃貸人は、転借人に直接に賃料の支払を請求することはできない。[R1-32-ウ] ☞⑦答×

❑❑❑ Aはその所有する建物をBに賃貸し、BはAの承諾を得てその建物をCに転貸している。A・Bが賃貸借契約を合意解除した場合には、Aは、それをCに対抗することができる。[H18-33-ア] ☞⑨答×

❑❑❑ Aは自己所有の甲建物をBに賃貸し、その際、BがAに対して敷金を交付した。BがAの承諾を得て本件賃貸借に基づく賃借権をCに譲渡した場合、特段の事情がない限り、AはBに対して本件敷金を返還しなければならない。[H24-33-イ] ☞⑩答○

---

30 他人の労務を利用する契約

必ず出る！基礎知識 目標5分で覚えよう

1 請負契約

①請負は、そのプロセスは問わないため、下請負が認められるのが原則である。

②材料の提供者が請負人であっても、注文者が代金の大部分を支払っている場合には、請負によって完成した建物は、最初から注文者の物である。

③報酬は、原則として、仕事の目的物の引渡しと同時に支払う。

④注文者の帰責事由によらずに仕事を完成できなくなった場合や仕事の完成前に解除された場合でも、既にした仕事が可分で注文者が利益を受けるときは、請負人は、その利益の割合に応じて報酬を請求できる。

⑤仕事の目的物に瑕疵があった場合、注文者は、請負人の契約不適合責任の追及として追完請求などができる。

⑥仕事の完成前なら、注文者は、いつでも損害を賠償して契約を解除できる。

2 委任契約

⑦委任契約は、原則として無償契約である。

⑧委任者の帰責事由によらずに委任事務を履行できなくなった場合や委任が履行の中途で終了した場合には、受任者は、既にした履行の割合に応じて報酬を請求できる。

⑨受任者には、費用の前払請求権がある。

⑩受任者は、善管注意義務を負う。

⑪委任された事務を処理するために、受任者が過失なく損害を受けた場合、委任者は、故意・過失の有無を問わず、損害賠償をしなければならない。

⑫委任者も、受任者も、いつでも自由に契約を解除できる。

学習日	月　日	月　日	月　日	月　日
正答数	／6	／6	／6	／6
解答時間	分	分	分	分

● 出た過去問！出る予想問！ 目標2分で答えよう ●

❑❑❑ 特約がない限り、請負人は自ら仕事を完成する義務を負うから、下請負人に仕事を委託することはできない。［H14-29-1］

☞①答×

❑❑❑ 最高裁判例によれば、仕事完成までの間に注文者が請負代金の大部分を支払っていた場合でも、請負人が材料全部を供給したときは、完成した仕事の目的物である建物の所有権は請負人に帰属する。［H14-29-5］

☞②答×

❑❑❑ 報酬の合意がある場合には、委任の報酬は、受任者の請求があれば委任者がその前払をしなければならない。［H18-32-エ］

☞⑨答×

❑❑❑ 無償委任の受任者は、自己の財産におけると同一の注意をもって事務を処理する義務を負う。［H16-28-ア］

☞⑩答×

❑❑❑ 受任者が委任事務を処理するため自己に過失なくして損害を被った場合には、委任者は、無過失であっても、受任者に対して損害賠償の責任を負う。［H16-28-ウ］

☞⑪答○

❑❑❑ 委任者は、委任契約をいつでも解除することができるが、受任者が委任者にとって不利な時期に解除するには、やむを得ない事由がなければならない。［H16-28-イ］

☞⑫答×

31 事務管理・不当利得

必ず出る！基礎知識　目標5分で覚えよう

1 事務管理

①法律上の義務がないのに、他人のために、その事務を処理することを事務管理という。

②事務管理者が本人の名で行った法律行為は、原則として、無権代理である。

③事務管理者が本人のために有益な支出をしたら、本人に償還請求できる。本人の意思に反しても、本人が現に利益を受けている限度で請求できる。報酬請求権はない。

2 不当利得

④法律上の原因なく利益を受け、他人に損失を及ぼした者は、現存利益の返還義務を負う。悪意なら、利益に利息を付して返還し、損害賠償責任も負う。

⑤修理を依頼した賃借人が無資力になっても、賃貸人が賃貸借契約全体からみて対価関係なしに修理の利益を得ていれば、請負人は賃貸人に利得の返還を請求できる。

3 不法原因給付

⑥愛人関係の維持など、不法な原因のために給付（未登記の建物なら引渡し、既登記の建物なら登記の移転）した者は、不当利得返還請求ができない。

⑦不法な原因が受益者だけにある場合は、返還請求できる。給付者の不法性が受益者に比べて微弱な場合も同じ。

⑧不法な原因のために給付した物を任意に返還するという合意は有効である。

⑨不法な原因のために給付した者は、所有権に基づく返還請求もできない。その反射的効果として、給付物の所有権は、受益者が取得する。

学習日	月　日	月　日	月　日	月　日
正答数	／3	／3	／3	／3
解答時間	分	分	分	分

出た過去問！出る予想問！ 目標2分で答えよう

❑❑❑ Aの不在の間に台風によってA所有の甲建物の屋根が損傷した。Aの隣人であるBは、Aからあらかじめ甲建物の管理を頼まれていなかったにもかかわらず、工務店を営むCに修繕を請け負わせたが、実はAがCによる修繕を望んでいないことが後になって判明した。このような場合、甲建物にとって必要不可欠な修繕であっても、Bは、Aに対してその費用の支払いを請求することができない。[H23-33-5]

☞③ 答×

❑❑❑ Aは、配偶者がいるにもかかわらず、配偶者以外のBと不倫関係にあり、その関係を維持する目的で、A所有の甲建物をBに贈与した。贈与契約のいきさつにおいて、Aの不法性がBの不法性に比してきわめて微弱なものであっても、Aが未登記建物である甲建物をBに引き渡したときには、Aは、Bに対して甲建物の返還を請求することはできない。[H25-34-5]

☞⑦ 答×

❑❑❑ Aは、賭博に負けたことによる債務の弁済として、Bに高価な骨董品を引き渡したが、その後、A・B間でBがこの骨董品をAに返還する旨の契約をした。この場合に、Aは、Bに対し、この骨董品の返還を請求することができる。[H22-33-イ]

☞⑧ 答○

32 不法行為(1)

必ず出る！基礎知識 目標5分で覚えよう

1 不法行為の成立要件

①故意・過失により、他人の権利・法律上保護される利益を侵害し、損害を発生させると、不法行為が成立する。

②良好な景観の恵沢を享受する利益は、法律上保護される利益に当たる。

③責任能力のない未成年者や心神喪失者は、不法行為責任を負わない。

2 不法行為による損害賠償請求権

④不法行為の損害賠償は、金銭賠償が原則である。

⑤事理弁識能力のある被害者本人や父母など被害者と一体の者に過失があれば、賠償額の算定に考慮できる。

⑥不法行為による損害賠償請求権は、被害者またはその法定代理人が、損害と加害者（賠償義務者）を知った時から3年で消滅時効にかかる。

⑦人の生命・身体の侵害なら、時効期間は5年である。

⑧不法行為の時から20年間、損害賠償請求権を行使しないときも、時効消滅する。

⑨不法行為による損害賠償債務は、損害の発生と同時に履行遅滞に陥る。

⑩即死した被害者の逸失利益の賠償請求権や慰謝料請求権は、相続される。

⑪命を奪われた者の父母・配偶者・子には固有の慰謝料請求権がある。傷害でも死亡に匹敵する苦痛なら同様。

3 土地工作物責任

⑫土地の工作物の設置・保存の瑕疵によって他人に損害が発生した場合、工作物の占有者が賠償責任を負う。占有者が無過失なら免責され、所有者が無過失責任を負う。

学習日	月　日	月　日	月　日	月　日
正答数	／5	／5	／5	／5
解答時間	分	分	分	分

出た過去問！出る予想問！ 目標2分で答えよう

❑❑❑ 景観の良否についての判断は個々人によって異なる主観的かつ多様性のあるものであることから、個々人が良好な景観の恵沢を享受する利益は、法律上保護される利益ではなく、当該利益を侵害しても、不法行為は成立しない。［H29-34-1］ ☞②答×

❑❑❑ Ａの運転する自動車がＡの前方不注意によりＢの運転する自動車に追突してＢを負傷させ損害を生じさせた。ＢのＡに対する損害賠償請求権は、Ｂの負傷の程度にかかわりなく、また、症状について現実に認識できなくても、事故により直ちに発生し、３年で消滅時効にかかる。［H24-34-オ］

☞⑥答×

❑❑❑ 他人の不法行為により夫が即死した場合には、その妻は、相続によって夫の逸失利益について損害賠償請求権を行使することはできない。［H26-34-1］

☞⑩答×

❑❑❑ 他人の不法行為により夫が死亡した場合には、その妻は、相続によって夫本人の慰謝料請求権を行使できるので、妻には固有の慰謝料請求権は認められていない。［H26-34-2］ ☞⑪答×

❑❑❑ 宅地の崖地部分に設けられたコンクリートの擁壁の設置または保存による瑕疵が前所有者の所有していた際に生じていた場合に、現所有者が当該擁壁には瑕疵がないと過失なく信じて当該宅地を買い受けて占有していたとしても、現所有者は土地の工作物責任を負う。［R1-34-3］ ☞⑫答○

---

33 不法行為(2)

必ず出る！基礎知識　目標5分で覚えよう

1 使用者責任

①使用者は、被用者がその事業の執行について第三者に加えた損害を賠償する責任を負う。使用者・被用者の関係は、一時的でも、非営利でもよい。

②「事業の執行について」は、行為の外形から観察して被用者の職務の範囲内に属する行為と認められればよい。

③被用者の選任やその事業の監督につき相当な注意を行ったことを使用者が立証すると、使用者は免責される。

④使用者責任が成立する場合、被用者も損害賠償債務を負う。使用者と被用者の債務は不真正連帯債務である。

⑤使用者が損害を賠償した場合、使用者は、被用者に対して信義則上相当と認められる限度で求償できる。

2 共同不法行為

⑥複数の者による共同の不法行為によって損害が生じた場合、各人が全損害について連帯して賠償義務を負う。

⑦共同不法行為者が負うのは、不真正連帯債務である。

⑧各自の過失・損害への寄与の割合に応じた負担部分を超えて賠償をすると、他の共同不法行為者に求償できる。

⑨被用者が事業の執行について第三者と共同不法行為をした場合、使用者は、第三者との関係でも被用者と同じ内容の責任を負う。求償関係も、被用者と同じ。

⑩使用者は、被用者の負担部分を超えて賠償すると、第三者に求償できる。逆に第三者が負担部分を超えて賠償すると、使用者は、被用者の負担部分だけ求償される。

⑪各加害者に使用者が存在する場合、使用者の１人が負担部分を超えて賠償した場合、他の使用者にその者の負担部分の限度で求償できる。

学習日	月　日	月　日	月　日	月　日
正答数	／4	／4	／4	／4
解答時間	分	分	分	分

出た過去問！出る予想問！ 目標2分で答えよう

❑❑❑ 事業の執行につき被用者が第三者に損害を与えた場合には、当該被用者が損害賠償責任を負うが、当該被用者に支払能力がないときには、使用者が損害賠償責任を負う。[H9-31-3]
☞①答×

❑❑❑ 兄が自己所有の自動車を弟に運転させて迎えに来させた上、弟に自動車の運転を継続させ、これに同乗して自宅に戻る途中に、弟の過失により追突事故が惹起された。その際、兄の同乗後は運転経験の長い兄が助手席に座って、運転経験の浅い弟の運転に気を配り、事故発生の直前にも弟に対して発進の指示をしていたときには、一時的にせよ兄と弟との間に使用関係が肯定され、兄は使用者責任を負う。[R1-34-2]
☞①②答○

❑❑❑ 使用者Aが、その事業の執行につき行った被用者Bの加害行為について、Cに対して使用者責任に基づき損害賠償金の全額を支払った場合には、AはBに対してその全額を求償することができる。[H28-34-ア]
☞⑤答×

❑❑❑ Aに雇われているBの運転する車が、Aの事業の執行中に、Cの車と衝突して歩行者Dを負傷させた。Cにも使用者Eがおり、その事業の執行中に起きた衝突事故であった場合に、AがDに対して損害を全額賠償したときは、Aは、AとEがそれぞれ指揮監督するBとCの過失の割合によるCの負担部分についてEに対して求償することができる。[H30-33-4]
☞⑨⑪答○

34 親族法(1)

必ず出る！基礎知識 目標5分で覚えよう

1 婚姻

①婚姻意思に基づく届出の受理時に、婚姻は成立する。

②婚姻意思のない届出は無効である。

③子に嫡出子（ちゃくしゅつし）としての地位を取得させるための便法として婚姻の届出がなされても、婚姻の効力は生じない。

④実質上夫婦として生活中の一方が婚姻届を提出後、他方が追認した場合、届出時に遡って婚姻は有効になる。

⑤事実上の夫婦関係にある者が、婚姻意思に基づいて届書を作成後、意思能力を失っても、届書の受理によって婚姻は有効に成立する。

⑥婚姻適齢違反や重婚となる婚姻などは、取り消すことができる。取消しは、将来に向かってのみ効力を生じる。

⑦養子と養親との間では、離縁による親族関係終了後も、婚姻はできない。

⑧婚姻が成立すると、配偶者の血族との間に姻族関係が発生する。

⑨姻族関係は離婚によって終了する。夫婦の一方が死亡し、生存配偶者が終了の意思を表示した場合も終了する。

⑩財産分与請求権と慰謝料請求権は、本質的に異なる。財産分与を受けても、それでは精神的苦痛を償えない場合には、別途慰謝料を請求できる。

⑪婚姻中に取得した財産がいずれのものか明らかでない場合は、共有と推定される。

2 内縁

⑫内縁を不当に破棄された者は、相手方に対して、婚姻予約の不履行を理由に損害賠償を求めることも、不法行為を理由に損害賠償を求めることもできる。

学習日	月　日	月　日	月　日	月　日
正答数	／5	／5	／5	／5
解答時間	分	分	分	分

● 出た過去問！出る予想問！ 目標2分で答えよう ●

❑❑❑ 婚姻の届出は戸籍吏に受理されれば完了し、戸籍簿に記入されなくても婚姻は成立する。[H16-29-1]

☞①答○

❑❑❑ 婚姻の届出が単に子に嫡出子としての地位を得させるための便法として仮託されたものにすぎないときでも、婚姻の届出自体については当事者間に意思の合致があれば、婚姻は効力を生じ得る。
[H16-29-5]

☞③答×

❑❑❑ 養親子関係にあった者どうしが婚姻をしようとする場合、離縁により養子縁組を解消することによって、婚姻をすることができる。[H25-35-ウ]

☞⑦答×

❑❑❑ 離婚をした場合、配偶者と親族との間にあった親族関係は当然に終了するが、夫婦の一方が死亡した場合には、生存配偶者と死亡した配偶者の親族との間にあった親族関係は、当然には終了しない。
[H25-35-エ]

☞⑨答○

❑❑❑ 離婚における財産分与は、離婚に伴う精神的苦痛に対する損害の賠償も当然に含む趣旨であるから、離婚に際し財産分与があった場合においては、別途、離婚を理由とする慰謝料の請求をすることは許されない。[H30-34-ア]

☞⑩答×

---

35 親族法(2)

必ず出る！基礎知識 目標5分で覚えよう

1 実　子

①婚姻成立の日から200日後、解消の日から300日以内に生まれた子は、婚姻中に懐胎したものと推定される。そして、妻が婚姻中に懐胎した子は、嫡出子(ちゃくしゅつし)と推定される。
②嫡出性が推定される場合、夫は、子の出生を知った時から1年以内に嫡出否認の訴えを提起しないと、父子関係の存否を争うことができなくなる。
③妻が夫の子を懐胎できない明白な事実が存在する場合には、嫡出子としての推定は及ばない。
④父が子の出生後に嫡出性を承認すると、否認権を失う。
⑤父が嫡出でない子を嫡出子として出生届をすると、認知としての効力を生じる。
⑥認知は、未成年者や成年被後見人でも、単独でできる。
⑦子の認知請求権は、放棄できない。

2 養　子

⑧養子縁組は、縁組意思に基づく届出の受理により成立。
⑨他人の子を養子にする意図で、嫡出子として出生届をしても、養子縁組は成立しない。
⑩真実の親子関係がない戸籍上の親が15歳未満の子について代諾による養子縁組をした場合、その子は、15歳に達すれば、その縁組を追認できる。
⑪未成年者を養子にするには、家庭裁判所の許可が必要。
⑫配偶者のある者が未成年者を養子にするには、配偶者の嫡出子を養子とする場合や配偶者が意思表示できない場合を除いて、配偶者と共に養子にする必要がある。
⑬養子は養親の嫡出子となる。普通養子は実親子関係も存続する。

学習日	月　日	月　日	月　日	月　日
正答数	／5	／5	／5	／5
解答時間	分	分	分	分

出た過去問！出る予想問！ 目標2分で答えよう

❑❑❑　Bは、Aと離婚した後250日を経てCを出産したが、Aは、離婚の1年以上前から刑務所に収容されていた場合において、Aは、Cとの父子関係を争うためには嫡出否認の訴えによらなければならない。[H22-34-3]

☞③答×

❑❑❑　夫が子の出生後その嫡出性を承認した場合には、夫は、嫡出否認の訴えを提起することができなくなる。[H14-30-2]

☞④答○

❑❑❑　AとBの内縁関係の継続中にBがCを出産し、AによってCを嫡出子とする出生届がなされた場合において、誤ってこれが受理されたときは、この届出により認知としての効力が生ずる。[H22-34-1]

☞⑤答○

❑❑❑　配偶者のある者が未成年者を養子とする場合には、原則として配偶者と共に縁組をしなければならないが、配偶者の嫡出である子を養子とする場合には、単独で縁組をすることができる。[H20-35-イ]

☞⑫答○

❑❑❑　I・J夫婦が、K・L夫婦の子M（10歳）を養子とする旨の縁組をし、その届出を完了した場合、MとK・L夫婦との実親子関係は終了する。[H28-35-5]

☞⑬答×

---

36 相続法(1)

必ず出る！基礎知識 目標5分で覚えよう

1 相続人

①自然人の死亡や、失踪宣告による死亡の擬制により、相続が開始する。

②配偶者は、常に相続人となる。ただし、法律上の婚姻関係にある者に限る。

③被相続人の子も、第1順位の相続人である。

④子が先または同時に死亡した場合や廃除・欠格事由により相続権を失った場合は、被相続人の孫が子に代襲(だいしゅう)して相続人になる。相続の放棄は、代襲原因ではない。

⑤相続欠格は全ての推定相続人が対象となるのに対して、廃除は遺留分のある推定相続人だけが対象となる。

⑥相続の承認・放棄は、相続の開始を知った時から3か月以内しなければならならい。

⑦相続の承認や放棄を撤回することはできない。

⑧共同相続人が限定承認するには、全員が共同して行わなければならない。

2 遺産分割

⑨共同相続人は、原則として、いつでも協議で遺産分割を行うことができる。

⑩特定の遺産を特定の相続人に相続させるという遺言があっても、遺言執行者がいない限り、共同相続人全員の合意により、その遺言と異なる分割をすることができる。

⑪遺産分割協議によって負担した債務を履行しない相続人がいても、債務不履行を理由とする解除はできない。

⑫共同相続人全員の合意で遺産分割協議を解除し、改めて協議をすることはできる。

学習日	月　日	月　日	月　日	月　日
正答数	／4	／4	／4	／4
解答時間	分	分	分	分

出た過去問！出る予想問！ 目標2分で答えよう

❑❑❑ 相続欠格においては、被相続人の子が欠格者となった場合には、欠格者の子は代襲相続人となることができないが、相続人の廃除においては、被相続人の子について廃除が確定した場合でも、被廃除者の子は代襲相続人となることができる。[H21-35-エ]

☞④ 答 ×

❑❑❑ Aには、配偶者B、子C、母Dがいた。Aが死亡し、Cが相続の放棄をした場合において、Cに子Fがいるときには、Aを相続するのはBだけでなく、FもCを代襲してAの相続人となる。[H19-35-オ]

☞④ 答 ×

❑❑❑ Aは、海外出張に出かけたが、帰国予定の日に帰国しないまま長期間が経過した。その間、家族としては関係者および関係機関に問い合わせ、可能な限りの捜索をしたが、生死不明のまま出張から10年以上が経過した。そこで、Aについて、Aの妻Bの請求に基づき家庭裁判所によって失踪宣告がなされた。Aの相続人としては、妻Bおよび子Cの2人がいる。Aの相続についての限定承認は、BとCが共同してのみ家庭裁判所に申述することができる。[H22-35-イ]

☞①⑧ 答 ○

❑❑❑ Aの死亡の時から5年以内に妻B、長男C、長女D、次男Eの協議により遺産分割がなされない場合には、B、C、D、Eは、全員で家庭裁判所に対し遺産分割を申し立てなければならない。[H24-35-オ]

☞⑨ 答 ×

37 相続法(2)

必ず出る！基礎知識 目標5分で覚えよう

1 遺言

①15歳に達した者には、遺言能力があり、遺言ができる。だが、未成年者は、遺言の証人・立会人にはなれない。
②共同遺言は禁止されている。夫婦であっても、同一の証書で遺言をすることはできない。
③遺言の日付として、「○年×月吉日」と記載した場合、その遺言は無効である。
④前の遺言と後の遺言が抵触する場合、前の遺言の抵触部分は、後の遺言によって撤回されたとみなされる。
⑤遺贈義務者などの利害関係人は、受遺者に対して相当の期間を定めて、遺贈の承認・放棄をするよう催告できる。そして、返答がなければ、承認したとみなされる。
⑥遺言は、遺言者の死亡時から効力を生ずる。失踪宣告が行われた生死不明の不在者の遺言は、７年の失踪期間満了時に効力を生ずる。

2 遺留分

⑦兄弟姉妹以外の相続人には、遺留分がある。
⑧直系尊属だけが相続人なら、相続開始時の被相続人の財産価額に贈与した財産価額を加え、債務全額を控除した額の３分の１が、それ以外は２分の１が遺留分である。
⑨贈与は、原則として相続開始前の１年間にしたものだけを遺留分算定財産に算入する。
⑩遺留分権利者及びその承継人は、受遺者・受贈者に対し、遺留分侵害額に相当する金銭の支払を請求できる。
⑪受遺者も受贈者もいる場合は、受遺者が先に遺留分侵害額を負担する。

学習日	月　日	月　日	月　日	月　日
正答数	／4	／4	／4	／4
解答時間	分	分	分	分

出た過去問！出る予想問！ 目標2分で答えよう

❑❑❑ 15歳に達した者は、遺言をすることができるが、遺言の証人または立会人となることはできない。[H29-35-ア]

☞①答○

❑❑❑ 夫婦が遺言をする場合、同一の証書ですることができる。[H13-30-3]

☞②答×

❑❑❑ Jは、自己の所有する乙土地を、その死後、世話になった友人Kに無償で与える旨の内容を含む遺言書を作成した。Jの死後、遺言の内容が明らかになり、Jの相続人らはKに対して相当の期間を定めてこの遺贈を承認するか放棄するかを知らせて欲しいと催告したが、Kからは期間内に返答がない。この場合、Kは遺贈を承認したものとみなされる。[H21-30-オ]

☞⑤答○

❑❑❑ Aは、海外出張に出かけたが、帰国予定の日に帰国しないまま長期間が経過した。その間、家族としては関係者および関係機関に問い合わせ、可能な限りの捜索をしたが、生死不明のまま出張から10年以上が経過した。そこで、Aについて、Aの妻Bの請求に基づき家庭裁判所によって失踪宣告がなされた。Aの遺言が存在した場合に、その遺言の効力は、Aの生死が不明になった時から7年の期間が満了した時からその効力を生ずる。[H22-35-ウ]

☞⑥答○

第4編

商法・会社法

1 商法総則(1)

必ず出る！基礎知識 目標5分で覚えよう

1 商法の適用

①商事には、まず商法典を適用する。商法典に規定がなければ、商慣習を適用し、商慣習もなければ、民法を適用する。

②公法人の商行為についても、法令に別段の定めがある場合を除き、商法が適用される。

③当事者の一方のために商行為となる行為には、双方に商法が適用される。

④当事者の一方が２人以上の場合、その１人のために商行為となる行為には、その全員に商法が適用される。

2 商　人

⑤商人（固有の商人）とは、自己の名で商行為をすることを業とする者をいう。

⑥店舗等での物品販売を業とする者や鉱業を営む者は、商行為を行うことを業としなくても、商人とみなされる。

⑦未成年者も、商人になれる。

⑧未成年者が商人として営業を行う場合には、登記により公示することが義務づけられている。

3 商業登記

⑨登記すべき事項は、成立または存在していても、商業登記簿に登記しなければ、善意の第三者に対抗できない。

⑩登記後は、善意の第三者にも対抗できるのが原則である。ただし、正当な事由により、登記があることを知らなかった第三者には対抗できない。

⑪故意または過失により不実の登記をした者は、不実であることを善意の第三者に対抗できない。

学習日	月　日	月　日	月　日	月　日
正答数	／8	／8	／8	／8
解答時間	分	分	分	分

出た過去問！出る予想問！ 目標2分で答えよう

❑❑❑ 商人の営業、商行為その他商事については、他の法律に特別の定めがあるものを除くほか、商法の定めるところによる。[H28-36-1] ☞①答○

❑❑❑ 商事に関し、商法に定めがない事項については、民法の定めるところにより、民法に定めがないときは、商慣習に従う。[H28-36-2] ☞①答×

❑❑❑ 公法人が行う商行為については、法令に別段の定めがある場合を除き、商法の定めるところによる。[H28-36-3] ☞②答○

❑❑❑ 当事者の一方のために商行為となる行為については、商法をその双方に適用する。[H28-36-4] ☞③答○

❑❑❑ 商人とは、自己の計算において商行為をすることを業とする者をいう。[H29-36-1] ☞⑤答×

❑❑❑ 店舗によって物品を販売することを業とする者は、商行為を行うことを業としない者であっても、商人とみなされる。[H29-36-2] ☞⑥答○

❑❑❑ 未成年者は、商法上の商人となることができない。[H6-48-2] ☞⑦答×

❑❑❑ 未成年者は、商法上の商人として営業を営むためには、登記をしなければならない。[H9-45-5] ☞⑧答○

2 商法総則(2)

必ず出る！基礎知識 目標5分で覚えよう

1 商号の意義

①商号とは、商人が営業上自己を表わすために用いる名称である。

②商号は、文字で記載することができ、かつ呼称できるものでなければならない。図形や紋様は許されない。

③自然人が複数の営業を営む場合には、営業ごとに違った商号を用いることができる。

④会社は、複数の営業を営む場合でも、商号は１個に限定されている。

2 商号の選定と譲渡

⑤会社は、会社の名称が、商号となる。会社以外の商人は、原則として自由に商号を選定することができる。

⑥不正目的で他と誤認のおそれのある商号を使用してはならない。使用により営業上の利益を侵害され、またはそのおそれがあれば、侵害停止または予防を請求できる。

⑦商号を譲渡するには、営業と共に行うか、または営業を廃止する必要がある。

⑧営業の譲受人が譲渡人の商号を引き続き使用する場合、譲渡人の債務について免責の登記または譲受人及び譲渡人からの通知がないと、譲受人も弁済する必要がある。

3 名板貸の責任

⑨自己の商号を使用して営業・事業を行うことを他人（名板借人）に許諾した商人（名板貸人）は、その他人と連帯して、自己を営業主と誤認した取引による債務を弁済する責任を負う。

学習日	月　日	月　日	月　日	月　日
正答数	／5	／5	／5	／5
解答時間	分	分	分	分

出た過去問！出る予想問！ 目標2分で答えよう

❏❏❏ 商号は、営業上自己を表示するために用いられるものであるから、文字だけでなく、図形や記号をもって表示してもよい。[H14-33-1] ☞②答×

❏❏❏ 個人商人が複数の営業を営む場合には、その営業ごとに複数の商号を使用することができるが、会社は１個の商号しか使用することができない。[H16-32-1] ☞③④答○

❏❏❏ 不正の目的をもって他人の営業と誤認させる商号を使用する者がある場合、これによって利益を害されるおそれのある者は、自らの商号について登記がなくても、その使用の差止めを請求することができる。[H16-32-2] ☞⑥答○

❏❏❏ 商号の譲渡は、商号と営業をともに譲渡する場合、または営業を廃止する場合に限り、これを行うことができる。[H16-32-3] ☞⑦答○

❏❏❏ 商人Ａが、商人Ｂに対してＡの商号をもって営業を行うことを許諾したところ、Ａの商号を使用したＢと取引をした相手方Ｃは、本件取引を自己とＡとの取引であると誤認した。本件取引の相手方の誤認についてＣに過失がなかった場合、契約はＡの商号を使用したＢとＣの間で成立するが、ＡはＢと連帯して本件取引によって生じた債務について責任を負う。[H23-36-2] ☞⑨答○

3 商法総則(3)

必ず出る！基礎知識 目標5分で覚えよう

1 商業使用人

①商業使用人は、雇用契約によって商人に従属し、対外的な商業上の業務に従事する者である。

②商業使用人になれるのは、自然人だけである。法人は、商業使用人になれない。

2 支配人

③支配人とは、選任された営業所において、営業主に代わって営業に関する一切の裁判上または裁判外の行為を行う権限のある商業使用人である。

④支配人は、他の使用人を選任・解任することができる。

⑤支配人の代理権に制限を加えても、善意の第三者には対抗できない。

⑥支配人を選任した場合や支配人の代理権が消滅した場合には、登記をしなければならない。

⑦支配人が自ら営業を行ったり、他の商人・会社の使用人となったりするには、商人の許可が必要である。

⑧支配人が自己または第三者のために商人の営業の部類に属する取引をするにも、商人の許可が必要である

⑨営業所の営業の主任者であることを示す名称の使用人は、相手方が悪意の場合を除き、その営業所の営業に関し、一切の裁判外の行為をする権限があるとみなされる。

3 代理商

⑩代理商は、一定の商人のために、継続的にその営業の部類に属する取引の代理または媒介をする独立した商人である。

⑪代理商には、自然人だけでなく、法人もなれる。

学習日	月　日	月　日	月　日	月　日
正答数	／6	／6	／6	／6
解答時間	分	分	分	分

出た過去問！出る予想問！　目標2分で答えよう

❑❑❑ 支配人は、商人の営業所の主任者として選任された者であり、他の使用人を選任し、又は解任する権限を有する。[H26-36-2]　☞③④答○

❑❑❑ 支配人の代理権の範囲は画一的に法定されているため、商人が支配人の代理権に加えた制限は、悪意の第三者に対しても対抗することができない。[H26-36-3]　☞⑤答×

❑❑❑ 支配人は、営業主の許諾がなければ、自ら営業を行うことができないが、営業主の許諾がなくとも自己または第三者のために営業主の営業の部類に属する取引を行うことができる。[H18-36-イ]　☞⑦⑧答×

❑❑❑ 商人の営業所の営業の主任者であることを示す名称を付した使用人は、支配人として選任されていなくても、当該営業所の営業に関しては、支配人とみなされる。[H26-36-5]　☞⑨答×

❑❑❑ 商法上の代理商とは、一定の商人のために平常その営業の部類に属する取引の代理または媒介を行う独立した商人である。[H17-34-5]　☞⑩答○

❑❑❑ 商業使用人を用いる場合は自然人でなければならないが、代理商を用いる場合は法人でもよい。[H13-33-1]　☞②⑪答○

商行為(1)

必ず出る！基礎知識　目標5分で覚えよう

1　絶対的商行為と営業的商行為

①**絶対的商行為**とは、その性質から当然に商行為となる行為である。商人でない者が行っても、商行為となる。

②**営業的商行為**とは、営業として行われて初めて商行為となる行為をいう。

③商人がその営業のためにする行為も、**商行為**である（附属的商行為）。そして、商人の行為は、その営業のためにするものと推定される。

2　商行為の特則

④**商行為の代理**は、本人のためにすることを示さないでした場合でも、本人に効力が生じる。

⑤**商行為の受任者**は、委任の本旨に反しない範囲内で、委任を受けていない行為をすることができる。

⑥商行為の委任による**代理権**は、本人の死亡によっては消滅しない。

⑦商人である隔地者間の承諾期間のない契約の申込みは、**相当の期間内**に承諾の通知を発しないと、効力を失う。

⑧商人が平常取引をする者からその営業の部類に属する契約の申込みを受けた場合、遅滞なく諾否の通知を発しないと、申込みを**承諾**したとみなされる。

⑨複数の者が１人または全員にとって商行為に当たる行為によって債務を負う場合、その債務は、**連帯債務**になる。

⑩保証人がいる場合、主たる債務者の商行為によって生じた債務は、主たる債務者と保証人が**連帯**して負担する。

⑪商人がその営業の範囲内で他人のために行為をした場合、**相当な報酬**を請求できる。

⑫商人間の金銭消費貸借の貸主は**法定利息**を請求できる。

学習日	月　日	月　日	月　日	月　日
正答数	／7	／7	／7	／7
解答時間	分	分	分	分

● 出た過去問！出る予想問！ 目標2分で答えよう ●

❑❑❑ 商法は一定の行為を掲げて商行為を明らかにしているが、これらの行為は全て営業としてするときに限り商行為となる。[H29-36-4] ☞①答×

❑❑❑ 商行為とは、商人が営業としてする行為または営業のためにする行為のいずれかに当たり、商人でない者の行為は、商行為となることはない。[H29-36-5] ☞①答×

❑❑❑ 商人の行為は、その営業のためにするものとみなされ、全て商行為となる。[H29-36-3] ☞③答×

❑❑❑ 商行為の委任による代理権は、本人の死亡によって消滅する。[H30-36-ア] ☞⑥答×

❑❑❑ 数人の者がその一人または全員のために商行為となる行為によって債務を負担したときは、その債務は、各自が連帯して負担する。[H30-36-ウ] ☞⑨答○

❑❑❑ 保証人がある場合において、債務が主たる債務者の商行為によって生じたものであるときは、その債務は当該債務者および保証人が連帯して負担する。[H30-36-エ] ☞⑩答○

❑❑❑ 商人がその営業の範囲内において他人のために行為をしたときは、相当な報酬を請求することができる。[H30-36-イ] ☞⑪答○

5 商行為(2)

必ず出る！基礎知識 目標5分で覚えよう

1 商人間の売買

①商人間では、買主は、受領した目的物を遅滞なく検査しなければならない。
②検査により種類・品質・数量の不適合を発見した買主は、売主が善意なら直ちに通知しないと、履行の追完請求・代金減額請求・損害賠償請求・契約解除ができない。
③直ちに発見できない種類・品質の不適合も、売主が善意なら、買主は6か月以内に発見し通知しないと、履行の追完請求などができない。
④目的物の不適合により契約を解除された場合、売主と買主の営業所が同一市町村の区域内にないときは、買主は、売主の費用で目的物を保管しなければならない。
⑤引き渡された物品が注文と異なる場合も、上記と同様に、買主は、引き渡された物品を保管する必要がある。
⑥商人間の売買で買主が目的物の受領を拒み、または受領できない場合、売主は相当の期間を定めた催告の後に競売し、代価を代金に充当できる。目的物が損傷等により価格低落のおそれがあれば、催告なしで競売できる。

2 匿名組合

⑦匿名組合員の出資は、金銭等の財産に限定されている。
⑧匿名組合員の出資は、営業者のものになる。
⑨業務を行うのは、営業者である。匿名組合員が、業務を執行したり、代表したりすることはできない。
⑩事業の利益は、契約に基づき匿名組合員に分配される。
⑪匿名組合が終了すると、出資は匿名組合員に返還される。ただし、出資が損失によって減少した場合は、匿名組合員が損失を負担し、営業者は残額を返還すればよい。

学習日	月　日	月　日	月　日	月　日
正答数	／4	／4	／4	／4
解答時間	分	分	分	分

出た過去問！出る予想問！ 目標2分で答えよう

❑❑❑ Ａ株式会社は、輸入業者Ｂとの間で牛肉の売買契約を締結し、Ａの仕入れ担当者が引渡しに立ち会った。４ヶ月後に、当該牛肉に狂牛病の可能性のある危険部位があることがわかったため、直ちにＢに通知した。この場合に、ＡはＢに対して売買契約の解除、代金の減額または損害賠償を請求することができる。［H21-36-1］ ☞③ 答〇

❑❑❑ Ａ株式会社は、輸入業者Ｂとの間でバナナの売買契約を締結した。履行期日になったが、Ａの加工工場でストライキが起こり、Ａは期日にバナナを受領することができなかった。そこでＢは、Ａへの催告なしに、そのバナナを競売に付し、競売の代金をバナナの代金に充当したが、これについて、Ｂに責任はない。［H21-36-4］ ☞⑥ 答〇

❑❑❑ 匿名組合員は、信用や労務を出資の目的とすることはできず、金銭その他の財産のみをその出資の目的とすることができる。［H20-40-1］ ☞⑦ 答〇

❑❑❑ 匿名組合契約が終了したときは、営業者は、匿名組合員に対してその出資の価額を返還しなければならず、出資が損失によって減少した場合には、営業者は、その減少額をてん補して匿名組合員に出資の価額を返還する義務を負う。［H20-40-5］ ☞⑪ 答×

6 商行為(3)

必ず出る！基礎知識 目標5分で覚えよう

1 運送営業

①荷送人は、運送人の請求により、送り状を交付しなければならない。

②運送人は、運送品の受取、運送、保管及び引渡しについて注意を怠らなかったことを証明しないと、運送品の滅失、損傷または延着について損害賠償責任を負う。

③高価品については、荷送人が運送を委託する際に種類及び価額を通知した場合を除き、運送人は、その滅失、損傷または延着について損害賠償責任を負わない。

④物品運送契約の締結当時、運送品が高価品であることを知っていた運送人は免責されない。

2 寄託・場屋営業者の責任

⑤商人が営業の範囲内で寄託を受けた場合、無報酬でも、善良な管理者の注意で寄託物を保管する必要がある。

⑥「客の来集を目的とする場屋における取引」は、客に一定の設備を利用させることを目的とする取引であり、営業的商行為である。

⑦客から寄託を受けた物品が滅失または毀損した場合、場屋営業者は、それが不可抗力によることを証明しない限り、損害賠償責任を負う。

⑧客が場屋の中で携帯した物品であっても、場屋営業者が注意を怠ったことによって滅失または毀損した場合には、場屋営業者は、損害賠償責任を負う。

⑨客の携帯品については責任を負わない旨を表示しても、場屋営業者は責任を免れることができない。

⑩高価品については、客がその種類及び価額を通告して寄託しない限り、場屋営業者は損害賠償責任を負わない。

学習日	月　日	月　日	月　日	月　日
正答数	／5	／5	／5	／5
解答時間	分	分	分	分

● 出た過去問！出る予想問！ 目標2分で答えよう ●

❑❑❑ 運送人は、荷送人の請求があるときは、送り状を荷送人に交付しなければならない。［H22-40-ア］

☞①答×

❑❑❑ 運送人は、その運送品の受取、運送、保管および引渡しについて注意を怠らなかったことを証明するのでなければ、運送品の滅失、損傷または延着について、損害賠償の責任を免れない。［H27-36-1］

☞②答○

❑❑❑ 貨幣、有価証券その他の高価品については、荷送人が運送を委託するにあたりその種類および価額を通知した場合を除き、運送人は、その滅失、損傷または延着について損害賠償の責任を負わないが、物品運送契約の締結の当時、運送品が高価品であることを運送人が知っていたときは、運送人は免責されない。［H27-36-2］

☞③④答○

❑❑❑ 自己の営業の範囲内で、無報酬で寄託を受けた商人は、自己の財産に対するのと同一の注意をもって、寄託物を保管する義務を負う。［H30-36-オ］

☞⑤答×

❑❑❑ 場屋営業者は、客から寄託を受けた物品について、物品の保管に関して注意を怠らなかったことを証明すれば、その物品に生じた損害を賠償する責任を負わない。［H27-36-3 改］

☞⑦答×

7 持分会社

必ず出る！基礎知識 目標5分で覚えよう

1 持分会社の意義

①持分会社は、合名会社・合資会社・合同会社の総称であり、出資者である社員が持分を持つ。

②持分は1人1個で、大きさは均一ではない。

③合名会社の社員は、全て直接無限責任社員である。

④合資会社には、直接無限責任社員だけでなく、直接有限責任社員も存在する。

⑤合同会社の社員は、全て間接有限責任しか負わない。

2 持分会社の社員

⑥直接有限責任社員や間接有限責任社員の出資は、金銭その他の財産に限定されている。

⑦直接無限責任社員は、労務や信用による出資もできる。

⑧直接無限責任社員や直接有限責任社員は、会社設立時に出資義務を履行する必要はない。

⑨持分会社の社員が持分を譲渡するには、他の社員全員の承諾が必要である。ただし、業務執行をしない有限責任社員は、業務執行社員全員の承諾により、譲渡できる。

⑩持分会社の社員は、出資した金銭等の払戻しを請求できる。また、持分の払戻しを受けて、退社できる。

3 持分会社の管理

⑪持分会社の定款を変更するには、原則として総社員の同意が必要である。

⑫持分会社では、原則として各社員が業務を執行し、会社を代表する。業務執行社員は、善良な管理者の注意をもって、職務を行う義務を負う。

⑬定款で一部の社員だけを業務執行社員とした場合、業務執行権のない社員には、調査権が認められる。

学習日	月　日	月　日	月　日	月　日
正答数	／6	／6	／6	／6
解答時間	分	分	分	分

出た過去問！出る予想問！ 目標2分で答えよう

❑❑❑ 合名会社および合資会社の持分は、社員たる地位を細分化したものであり、均一化された割合的単位で示される。[H28-40-ウ] ☞②答×

❑❑❑ 持分会社の無限責任社員は、株式会社の株主とは異なり、金銭出資や現物出資に限らず、労務出資や信用出資の方法が認められている。[H22-39-1] ☞⑦答○

❑❑❑ 合資会社の有限責任社員は、定款記載の出資額までしか責任を負わないため、有限責任社員となる時点で出資全額の履行が要求されている。[H18-40-3] ☞⑧答×

❑❑❑ 合名会社および合資会社の社員は、会社に対し、既に出資として払込みまたは給付した金銭等の払戻しを請求することができる。[H28-40-エ] ☞⑩答○

❑❑❑ 持分会社が会社成立後に定款を変更するには、株式会社の場合とは異なり、原則として、総社員の同意を必要とする。[H22-39-5] ☞⑪答○

❑❑❑ 持分会社は、会社法上の公開会社である株式会社とは異なり、原則として、社員各自が当該会社の業務を執行し、当該会社を代表する。[H22-39-3] ☞⑫答○

8 株式会社(1)

必ず出る！基礎知識　目標5分で覚えよう

1 発起設立と募集設立

①発起設立では、設立時発行株式の全てを発起人が引き受ける。これに対して、募集設立では、その一部だけを発起人が引き受け、残りは、株式引受人を募集する。

②発起人は、定款に発起人として署名した者である。

③株式募集文書に設立賛助者として記載することを承諾した者は、発起人と同様の責任を負う。

2 定款作成・会社財産形成・機関選任

④公証人の認証を受けないと、定款は、効力を生じない。

⑤発起人は、設立に際して、設立時発行株式を１株以上引き受けなければならない。

⑥出資を履行した発起人は、会社成立時に株主になる。

⑦出資を履行しない発起人がいれば、催告をする。その期日までに履行しない発起人は株主となる権利を失う。

⑧募集株式の引受人が失権しても、設立に際し出資される財産の価額または最低額を満たしていれば、設立手続を続行できる。

⑨発起設立であれば、発起人が役員を選任する。

⑩募集設立なら、創立総会が招集され、創立総会の決議によって役員が選任される。

⑪発起人・設立時取締役・設立時監査役は、設立について任務を怠れば、会社に対し損害賠償責任を負う。責任の免除には、総株主の同意が必要である。

3 会社の成立

⑫本店所在地で設立登記をすると、会社は成立する。

⑬株式会社が成立しなかった場合、発起人が連帯して責任を負い、設立に関して支出した費用を負担する。

学習日	月　日	月　日	月　日	月　日
正答数	／5	／5	／5	／5
解答時間	分	分	分	分

出た過去問！出る予想問！ 目標2分で答えよう

❑❑❑ 発起設立または募集設立のいずれの方法による場合であっても、発起人でない者が、会社設立の広告等において、自己の名または名称および会社設立を賛助する旨の記載を承諾したときには、当該発起人でない者は発起人とみなされ、発起人と同一の責任を負う。[H27-37-オ]

☞③答×

❑❑❑ 複数の発起人がいる場合において、発起設立の各発起人は、設立時発行株式を１株以上引き受けなければならないが、募集設立の発起人は、そのうち少なくとも１名が設立時発行株式を１株以上引き受ければよい。[H27-37-イ]

☞⑤答×

❑❑❑ 発起設立または募集設立のいずれの手続においても、設立時取締役の選任は、創立総会の決議によって行わなければならない。[H29-37-5]

☞⑨⑩答×

❑❑❑ 発起人、設立時取締役または設立時監査役は、株式会社の設立についてその任務を怠ったときは、当該株式会社に対し、これによって生じた損害を賠償する責任を負い、この責任は、総株主の同意がなければ、免除することができない。[H30-37-ウ]

☞⑪答○

❑❑❑ 株式会社が成立しなかったときは、発起人は、連帯して、株式会社の設立に関してした行為についてその責任を負い、株式会社の設立に関して支出した費用を負担する。[H30-37-オ]

☞⑬答○

9 株式会社(2)

必ず出る！基礎知識 目標5分で覚えよう

1 株　式

①株式とは、株式会社の社員たる地位を意味する。
②株式会社は、原則として株券を発行しない。
③定款で株券の発行を定めた場合は、株式を発行した日以後、遅滞なく株券を発行しなければならない。
④株式は、自由に譲渡できる。ただし、定款の定めにより、全ての株式または一部の種類の株式について、譲渡に会社の承認を要するとして、株式の譲渡を制限できる。
⑤譲渡制限株式の譲渡の承認は取締役会、それがなければ株主総会の普通決議で行う。承認のない譲渡は、会社との関係では効力がないが、当事者間では有効である。
⑥譲渡制限株式の譲渡を承認しない場合に、会社がその株式を買い取るには、株主総会の決議が必要である。
⑦株式譲渡を会社に対抗するには、株主名簿の名義書換えを要する。第三者への対抗要件は、株券発行会社なら、株券の所持である。
⑧株式の譲受人の名義書換請求に対して、会社が過失により、または不当に拒絶した場合、会社は、その譲渡を否認できない。

2 単元株制度

⑨定款で１単元の株式を定めると、株主は、株主総会において１単元につき１個の議決権を持つようになる。
⑩株主は、会社に対して、所有する単元未満株式を買い取るように請求できる。
⑪定款に定めがあれば、株主は、会社に対して、現在所有する単元未満株式を単元株式数にするために必要な数の株式を売り渡すように請求できる。

学習日	月　日	月　日	月　日	月　日
正答数	／6	／6	／6	／6
解答時間	分	分	分	分

出た過去問！出る予想問！ 目標2分で答えよう

❑❑❑ 株式会社は株券を発行するか否かを定款で定めることができるが、会社法は、株券を発行しないことを原則としているので、株券を発行する旨を定款に定めた会社であっても、会社は、株主から株券の発行を請求された段階で初めて株券を発行すれば足りる。［H21-37-2］
☞②③答×

❑❑❑ 株主は、その有する株式を譲渡することができる。［H29-40-イ］
☞④答○

❑❑❑ 株式会社は、定款において、その発行する全部の株式の内容として、または種類株式の内容として、譲渡による当該株式の取得について当該株式会社の承認を要する旨を定めることができる。［H30-38-1］
☞④答○

❑❑❑ 株式会社が譲渡制限株式の譲渡の承認をするには、定款に別段の定めがある場合を除き、株主総会の特別決議によらなければならない。［H30-38-4］
☞⑤答×

❑❑❑ 株券発行会社においては、株式の譲受人は、株主名簿の名義書換えをしなければ、当該会社及び第三者に対して株式の取得を対抗できない。［H21-38-ウ］
☞⑦答×

❑❑❑ 単元未満株式を有する者は、投下資本の回収を保証するため、いつでも会社に対して単元未満株式の買取りを請求できる。［H19-37-ア］
☞⑩答○

10 株式会社(3)

必ず出る！基礎知識 目標5分で覚えよう

1 株式会社の機関設計

①会社法は、株式会社の機関として、株主総会・取締役・取締役会・会計参与・監査役・監査役会・会計監査人・監査等委員会・指名委員会などを用意している。

②全ての株式会社に必須の機関は、株主総会と取締役だけ。

2 会計参与

③会計参与とは、取締役と共同して、計算書類等を作成する機関である。

④会計参与は、公認会計士・監査法人または税理士・税理士法人でなければならない。

3 監査役

⑤取締役会または会計監査人を置く会社は、原則として監査役を設置しなければならない。

⑥監査役は株主総会の普通決議で選任される。解任には特別決議が必要である。

⑦監査役は、会計監査に加え、業務全般の監査を行う。

⑧非公開会社で監査役会も会計監査人も置いていない会社は、定款で監査役の監査範囲を会計監査に限定できる。

4 指名委員会等設置会社

⑨指名委員会等設置会社の業務執行は、取締役会決議で選任された執行役が担当し、代表権は、代表執行役が行使する。

⑩指名委員会等設置会社の取締役会は、多額の借財などの決定を執行役に委任できる。

⑪報酬委員会は、執行役や取締役等の個人別の報酬等の決定方針を定め、個人別の報酬等の内容を決定する。

学習日	月　日	月　日	月　日	月　日
正答数	／6	／6	／6	／6
解答時間	分	分	分	分

出た過去問！出る予想問！ 目標2分で答えよう

❑❑❑ 取締役会または監査役を設置していない株式会社も設立することができる。[H19-38-5]
☞②答○

❑❑❑ 会計参与は、会計監査人とは異なる会社役員であり、取締役と共同して計算書類等を作成する。[H19-38-4]
☞③答○

❑❑❑ 監査役を解任するには、議決権を行使することができる株主の議決権の過半数を有する株主が株主総会に出席し、出席した当該株主の議決権の３分の２以上に当たる多数の決議をもって行わなければならない。[H27-39-4]
☞⑥答○

❑❑❑ 取締役会設置会社は監査役を選任しなければならないが、会社法上の公開会社でない取締役会設置会社の場合には、会計監査人設置会社であっても、定款で、監査役の監査権限を会計監査に限定することができる。[H21-37-5]
☞⑧答×

❑❑❑ 監査役設置会社及び指名委員会等設置会社においては、会社を代表する代表取締役または代表執行役は、取締役会で選定しなければならない。[H24-39-ア改]
☞⑨答○

❑❑❑ 会社法上の公開会社が指名委員会等設置会社である場合には、取締役会決議により、多額の借入れの決定権限を執行役に委任することができる。[H25-40-4 改]
☞⑩答○

株式会社(4)

必ず出る！基礎知識　目標5分で覚えよう

1 株主総会の権限

①取締役会が設置されていなければ、株主総会は、一切の事項について決議ができる。議題として予定されていなかった事項についても決議できる。

②取締役会が設置されると、株主総会の権限は、法律または定款で株主総会の権限とされている事項の決議に限定され、他の事項の決議は、取締役会に委ねられる。

③発行する株式を全て譲渡制限株式にする株主総会決議には、議決権を行使できる株主の半数以上であって、その株主の議決権の3分の2以上の賛成が必要である。

④招集手続を欠いても、株主全員が開催に同意して出席した全員出席総会で、株主総会の権限に属する事項について行った決議は有効に成立する。

2 株主の議決権

⑤株主は、原則として、1株につき1個の議決権を持っている。

⑥議決権は、代理人によって行使することもできる。定款で代理人を株主に限定することも認められている。

3 株主の株式買取請求権

⑦株式譲渡制限の定めを設ける定款変更決議なら、反対株主に株式買取請求権が認められる。しかし、議決権制限株式を発行する旨の定款変更決議では認められない。

⑧株式買取請求権を行使するためには、株主は、決議の前に、会社に反対の意思を通知し、そのうえで、株主総会で反対しなければならない。

⑨株式買取請求権を行使しても、会社の承諾があれば、撤回できる。

学習日	月　日	月　日	月　日	月　日
正答数	／5	／5	／5	／5
解答時間	分	分	分	分

出た過去問！出る予想問！ 目標2分で答えよう

❑❑❑ 公開会社でなく取締役会を設置していない株式会社の株主総会は、会社法に規定する事項および株主総会の組織、運営、管理その他株式会社に関する一切の事項について議決することができる。
[R1-40-1 改]　☞①答○

❑❑❑ 取締役会設置会社の株主総会は、法令に規定される事項または定款に定められた事項に限って決議を行うことができる。[H26-39-1]　☞②答○

❑❑❑ 株主総会は株主が議決権を行使するための重要な機会であるため、本人が議決権を行使する場合のほか、代理人による議決権行使の機会が保障されているが、会社法上の公開会社であっても、当該代理人の資格を株主に制限する旨を定款に定めることができる。[H21-37-3]　☞⑥答○

❑❑❑ 株主総会決議に反対する株主が株式買取請求権を行使するには、原則としてその決議に先立ち反対の旨を会社に通知し、かつ、その総会において反対しなければならない。[H19-37-ウ]　☞⑧答○

❑❑❑ 株式の買取りを会社に対して請求した株主であっても、会社の承諾があれば、買取請求を撤回することができる。[H19-37-エ]　☞⑨答○

---

12 株式会社(5)

必ず出る！基礎知識 目標5分で覚えよう

1 取締役の選任・解任

①株式会社は、必ず取締役を１人以上置く必要がある。
②全部株式譲渡制限会社（非公開会社）であれば、定款で、株主であることを取締役の要件とすることができる。
③取締役は株主総会の決議で選任する。また、株主総会の決議で、いつでも理由を問わず、取締役を解任できる。
④取締役の任期満了退任または辞任によって欠員が生じた場合、退任した取締役は、後任者が就任するまで引き続き取締役としての権利を持ち義務を負う。
⑤解任により欠員が生じた場合には、利害関係人の請求により、裁判所は一時取締役を選任できる。
⑥取締役の報酬の額、具体的な算定方法または金銭以外の報酬の内容は、定款または株主総会の決議で定める。
⑦監査等委員会設置会社の監査等委員である取締役の過半数は、社外取締役でなければならない。

2 取締役と会社の関係

⑧取締役が自己または第三者のために会社と取引するには、取締役会（未設置なら株主総会）の事前承認を要する。
⑨会社が取締役の債務について保証をするといった間接取引にも、取締役会（未設置なら株主総会）の事前承認が必要である。
⑩取締役が競業取引を行うにも、取締役会（未設置なら株主総会）の事前承認が必要である。
⑪取締役は、その任務を怠ったことによって会社に生じた損害を賠償する責任を負う。
⑫６か月前から株式を持ち続けている株主は、会社に対して取締役の責任を追及する訴えの提起を請求できる。

学習日	月　日	月　日	月　日	月　日
正答数	／6	／6	／6	／6
解答時間	分	分	分	分

● 出た過去問！出る予想問！ 目標2分で答えよう ●

❑❑❑ 株主総会は、その決議によって取締役を１人以上選任する。[H29-40-エ] ☞①③答○

❑❑❑ 公開会社でなく取締役会を設置していない株式会社は、取締役が株主でなければならない旨を定款で定めることができる。[R1-40-4改] ☞②答○

❑❑❑ 解任された取締役であっても、正当な事由がなく解任された場合には、新たな取締役が就任するまでの間は、引き続き取締役としての権利義務を有する。[H21-40-3] ☞④⑤答×

❑❑❑ 取締役が会社から受ける報酬等の額、報酬等の具体的な算定方法または報酬等の具体的な内容については、定款に当該事項の定めがある場合を除き、会社の業務執行に係る事項として取締役会の決定で足り、株主総会の決議は要しない。[H25-39-イ] ☞⑥答×

❑❑❑ 監査等委員会設置会社においては、監査等委員である取締役の過半数は、社外取締役でなければならない。[H30-39-2] ☞⑦答○

❑❑❑ 取締役会設置会社であって公開会社である株式会社が取締役のために、当該取締役の住宅ローンの保証人となる場合には、取締役会の決定を要する。[H22-37-3] ☞⑨答○

---

13 株式会社(6)

必ず出る！基礎知識　目標5分で覚えよう

1 取締役会

①取締役会の設置が義務付けられているのは、公開会社・監査役会設置会社・監査等委員会設置会社・指名委員会等設置会社だけである。

②重要な財産の処分や譲受け・多額の借財・支店などの重要な組織の設置、変更、廃止は、取締役会の専決事項とされ、必ず取締役会で決定しなければならない。

③取締役会の専決事項でない業務執行の決定は、代表取締役に委任できる。

④取締役が６人以上、かつ社外取締役が１人以上いれば、取締役会で３人以上の特別取締役を選任し、多額の借財などについて議決させることができる。

⑤取締役会の決議は、取締役の過半数が出席し、その過半数をもって決する。なお、特別の利害関係を有する取締役は、議決に加わることができない。

⑥定款により、取締役全員が書面または電磁的記録で議案に同意し、監査役が異議を述べなかった場合、議案を可決する取締役会決議があったとみなすことができる。

2 代表取締役

⑦取締役会が設置された場合、取締役会は、取締役の中から、業務を執行し、会社を代表する代表取締役を選定しなければならない。

⑧代表取締役の代表権は、会社の業務に関する一切の裁判上・裁判外の行為に及ぶ包括的なものであり、代表権を制限しても、善意の第三者に対抗することはできない。

⑨取締役会設置会社と取締役との訴訟については代表取締役に代表権はない。監査役が会社を代表する。

学習日	月　日	月　日	月　日	月　日
正答数	／5	／5	／5	／5
解答時間	分	分	分	分

出た過去問！出る予想問！ 目標2分で答えよう

❑❑❑ 取締役会設置会社であって公開会社である株式会社が事業の見直しのために、支店を統廃合する場合には、取締役会の決定を要する。[H22-37-5]

☞②答○

❑❑❑ 取締役が６名以上で、１名以上の社外取締役がいる会社は、特別取締役を取締役会で選定することができる。[H19-38-2]

☞④答○

❑❑❑ 取締役会の決議は、議決に加わることができる取締役の過半数が出席し、その過半数をもって行う。[R1-39-ウ]

☞⑤答○

❑❑❑ 取締役会は、取締役が相互の協議や意見交換を通じて意思決定を行う場であるため、本来は現実の会議を開くことが必要であるが、定款の定めにより、取締役の全員が書面により提案に同意した場合には、これに異議を唱える者は他にありえないため、当該提案を可決する旨の取締役会の決議があったものとみなすことができる。[H21-37-4]

☞⑥答×

❑❑❑ 会社法上の公開会社であって取締役会設置会社の代表取締役は、会社の業務に関する一切の裁判上の権限を有するため、取締役の義務違反により会社に損害が生じた場合に、当該取締役に対する責任追及のための訴訟を提起する。[H20-37-ウ]

☞⑨答×

---

14 株式会社(7)

必ず出る！基礎知識 目標5分で覚えよう

1 募集株式の発行

①募集に応じて株式引受けの申込みをした者に割り当てる株式を**募集株式**という。

②募集株式の数・払込期日・払込金額またはその算定方法などの**募集事項**は、株主総会の特別決議で決定する。

③公開会社なら、募集事項の決定は、払込金額が引き受ける者に特に有利な場合を除き、**取締役会**の決議でよい。

④株主に募集株式の割当てを受ける権利を与える場合、会社は、申込期日の２週間前までに株主に募集事項や割当数などを**通知**する必要がある。公告では代用できない。

⑤募集株式引受けの申込みは、**書面**で行う。ただし、会社の承諾を得れば、電磁的方法で行うこともできる。

⑥募集株式の引受人が払込期日までに払込金額全額を払い込むと、**払込期日**に引受人は株主になる。

⑦募集株式の発行が法令・定款に違反し、または著しく不公正な方法のため、これによって不利益を受けるおそれのある株主は、会社に対してその**差止め**を請求できる。

2 新株予約権

⑧新株予約権と引換えに金銭の払込みが必要な募集新株予約権を発行する場合、申込者は、割当日に**新株予約権者**となる。

⑨募集新株予約権の発行が法令・定款に違反、または著しく不公正な方法のため、これによって不利益を受けるおそれのある株主は、会社に対して**差止め**を請求できる。

⑩新株予約権者が新株予約権を行使すると、行使日に**株主**となる。

学習日	月　日	月　日	月　日	月　日
正答数	／5	／5	／5	／5
解答時間	分	分	分	分

出た過去問！出る予想問！ 目標2分で答えよう

□□□ 全ての株式会社において、募集株式の発行に係る募集事項は、株主総会の決議により決定する。
[H29-40- ウ] ☞②③答×

□□□ 会社法上の公開会社が特定の者を引受人として募集株式を発行する場合には、払込金額の多寡を問わず、募集事項の決定は、株主総会の決議によらなければならない。[H25-40-1 改] ☞③答×

□□□ 会社法上の公開会社が株主に株式の割当てを受ける権利を与えて募集株式を発行する場合には、募集事項の通知は、公告をもってこれに代えることができる。[H25-40-2 改] ☞④答×

□□□ 新株予約権と引換えに金銭の払込みを要する募集新株予約権を発行する場合において、募集新株予約権の割当てを受けた者は、払込期間中または払込期日に払込金額の全額を払い込んだときに、新株予約権者となる。[H22-38- ア] ☞⑧答×

□□□ 募集新株予約権の発行が法令もしくは定款に違反し、または著しく不公正な方法により行われる場合において、株主が不利益を受けるおそれがあるときには、株主は、会社に対して募集新株予約権の発行をやめることを請求することができる。
[H22-38- ウ] ☞⑨答○

15 株式会社(8)

必ず出る！基礎知識　目標5分で覚えよう

1　資本金・準備金

①資本金とは、原則として、設立または株式の発行に際して、株主となる者が会社に払込みまたは給付をした財産の額である。

②準備金とは、企業の健全な発達と会社債権者保護のために、積み立てておくべきものである。

③準備金には、資本準備金と利益準備金がある。

④株主総会の決議によって、剰余金を減少させて、それを資本金・準備金に組み入れることができる。

2　剰余金の配当

⑤株式会社は、純資産額が300万円以上あれば、分配可能額の限度内で、いつでも、株主に剰余金の配当をすることができる。

⑥自己株式を持っていても、会社自身に剰余金を配当することはできない。

⑦配当財産の種類は、株主総会の決議で定められ、金銭以外の財産も配当できる。しかし、当該株式会社の株式・社債・新株予約権を配当財産とすることはできない。

⑧分配可能額を超えた剰余金の配当は、無効である。株主は、善意でも、会社に対して、交付を受けた金銭や現物の帳簿価額に相当する金銭を返還する義務を負う。

⑨取締役会設置会社は、定款で、１事業年度の途中に１回に限り、取締役会決議で剰余金を配当(中間配当)できる旨を定めることができる。

⑩剰余金の配当を受ける権利及び残余財産の分配を受ける権利を全て与えない旨の定款は無効である。

学習日	月　日	月　日	月　日	月　日
正答数	／7	／7	／7	／7
解答時間	分	分	分	分

出た過去問！出る予想問！ 目標2分で答えよう

❑❑❑ 取締役会設置会社であって公開会社である株式会社が資本金を増加するために、剰余金を減少させる場合には、取締役会の決定で足りる。[H22-37-2]
☞④答×

❑❑❑ 純資産の額が300万円を下回る場合には、剰余金の配当をすることができない。[H20-38-エ] ☞⑤答○

❑❑❑ 株式会社は、当該株式会社の株主および当該株式会社に対し、剰余金の配当をすることができる。[H30-40-4]
☞⑥答×

❑❑❑ 株式会社は、配当財産として、金銭以外に当該株式会社の株式、社債または新株予約権を株主に交付することはできない。[H30-40-5] ☞⑦答○

❑❑❑ 株式会社より分配可能額を超える金銭の交付を受けた株主がその事実につき善意である場合には、当該株主は、当該株式会社に対し、交付を受けた金銭を支払う義務を負わない。[H30-40-3] ☞⑧答×

❑❑❑ 取締役会設置会社は、１事業年度の途中において１回に限り、取締役会決議により剰余金の配当（中間配当）をすることができる旨を定款で定めることができる。[H20-38-ウ] ☞⑨答○

❑❑❑ 株式会社は、剰余金の配当請求権および残余財産分配請求権の全部を株主に与えない旨の定款の定めを設けることができる。[H30-40-1] ☞⑩答×

16 組織再編

必ず出る！基礎知識 目標5分で覚えよう

1 事業譲渡

①株式会社が事業を全て譲渡する場合、原則として譲渡会社・譲受会社双方の株主総会の特別決議が必要である。

②株式会社が事業の重要な一部（帳簿価格が総資産の５分の１以上のもの）を譲渡する場合も、原則として譲渡会社の株主総会の特別決議が必要である。

③しかし、事業の重要な一部の譲渡の場合は、譲受会社の株主総会の特別決議は不要である。

④事業の譲渡会社は、原則として、譲渡日から20年間、同一の市町村（東京都と政令指定都市では区）及び隣接する市町村の区域内で同一事業を行うことができない。

⑤事業を譲り受けた会社が、譲渡会社の商号を引き続き使用する場合、原則として、その譲受会社も、譲渡会社の事業によって生じた債務を弁済する責任を負う。

⑥株主総会で事業の全部または重要な一部を譲渡する特別決議がなされた場合、反対株主は、会社に対して所有する株式を公正な価格で買い取るよう請求できる。

2 合　併

⑦株式会社と持分会社とが合併することもでき、いずれの会社も、存続会社・新設会社になれる。

⑧合併によって消滅する会社の権利義務は、法律上当然に、全て一括して存続会社または新設会社に移転する。

⑨吸収合併の効力が発生するのは、合併契約で定めた効力発生日である。

⑩新設合併の効力が発生するのは、新設会社の設立登記の日である。

学習日	月　日	月　日	月　日	月　日
正答数	／5	／5	／5	／5
解答時間	分	分	分	分

出た過去問！出る予想問！ 目標2分で答えよう

❑❑❑ 会社が他の会社の事業の全部または重要な一部を譲り受ける場合には、譲受会社において株主総会の特別決議による承認を要するが、譲受会社が対価として交付する財産の帳簿価格の合計額が譲受会社の総資産の５分の１を超えないときは、株主総会の承認は不要である。[H21-39-オ]　☞③答×

❑❑❑ 譲渡会社は、当事者の別段の意思表示がない限り、同一の市町村の区域内およびこれに隣接する市町村の区域内においては、その事業を譲渡した日から20年間は、同一の事業を行ってはならない。[H21-39-ウ]　☞④答○

❑❑❑ 譲受会社が譲渡会社の商号を引き続き使用する場合には、譲受会社は、譲渡会社の事業によって生じた債務を弁済する責任を負い、譲渡会社は当該債務を弁済する責任を免れる。[H21-39-イ]　☞⑤答×

❑❑❑ 吸収合併は、株式会社と持分会社との間で行うこともできるが、株式会社を消滅会社とする場合には、社員の責任の加重など複雑な法律問題が生じるため、株式会社が存続会社とならなければならない。[H24-40-1]　☞⑦答×

❑❑❑ 吸収合併存続会社の株主総会において、消滅会社の債務の一部を承継しない旨の合併承認決議が成立しても、債務を承継しない旨の条項は無効であって、すべての債務が存続会社に承継される。[H24-40-3]　☞⑧答○

第5編

基礎法学

1 法の分類

必ず出る！基礎知識 目標5分で覚えよう

1 成文法と不文法

①判例・慣習法・条理（ものごとの道理）は、不文法である。

②慣習法とは、社会の法的確信を伴うに至った慣習で、法的効力が認められるものをいう。

③判例法主義の英米法系の国では、判決の真の理由（レイシオ・デシデンダイ）に拘束力が認められている。

④近代法治国の原則的な法形式は、成文法である。

⑤成文法は、具体的妥当性を犠牲にする面があり、また、時代の変化に即応しにくい。

2 実定法と実体法

⑥実定法とは、国家機関による制定行為や慣習などの経験的事実といった人為に基づいて成立した法をいう。

⑦実定法に対立する概念は、自然法である。

⑧実体法とは、権利義務の発生、変更、消滅の要件等の法律関係について規律する法をいう。

⑨実体法に対立する概念は、手続法である。

3 一般法と特別法

⑩適用領域の限定された法が特別法であり、限定されない法が一般法である。

⑪民法は全ての個人に適用される一般法である。商法は商人に適用される特別法である。

⑫同一の法形式では、常に特別法が一般法に優先する。

⑬後に制定された後法が、それ以前に制定された前法に優先する。しかし、前法が特別法で後法が一般法なら、特別法である前法が優先する。

学習日	月　日	月　日	月　日	月　日
正答数	／6	／6	／6	／6
解答時間	分	分	分	分

出た過去問！出る予想問！ 目標2分で答えよう

❑❑❑ 社会の法的確信を伴うに至った慣習であって、法的効力が認められるものを「社会法」という。[H30-2-エ]
☞②答×

❑❑❑ 英米法系の国では、判決のうち、結論を導く上で必要な部分を「主文（レイシオ・デシデンダイ）」、他の部分を「判決理由」と呼び、後者には判例法としての拘束力を認めない。[H24-1-2]
☞③答×

❑❑❑ 自然法に対して、国家機関による制定行為や、慣習などの経験的事実といった人為に基づいて成立した法を「実定法」という。[H30-2-ア]
☞⑥⑦答○

❑❑❑ 手続法に対して、権利の発生、変更および消滅の要件など法律関係について規律する法を「実質法」という。[H30-2-イ]
☞⑧⑨答×

❑❑❑ ある特別法との関係において、当該特別法よりも適用領域がより広い法を「基本法」という。[H30-2-ウ]
☞⑩答×

❑❑❑ 法律と法律、条例と条例など、形式的な効力が同等の法規の間に矛盾抵触が生じる場合は、一般に、「特別法は一般法に優先する」「後法は前法に優先する」という法原則に従って処理されることになる。[H21-1-イ]
☞⑫⑬答○

2 法の効力・適用範囲

必ず出る！基礎知識 目標5分で覚えよう

1 法の効力

①公布された法の効力は、施行によって発動する。施行期日を定めていれば、その時から、法は発動する。

②施行時期の定めのない法律は、公布の日から起算して20日を経た日から施行される。

③法令は、その附則で施行期日について規定しているのが、通例である。公布の日を施行期日とする場合もある。

④法令の公布は、慣行として官報による。

⑤法律は、制定または改正前の事実には適用されないのが原則である（法律不遡及の原則）。

2 法の適用範囲

⑥わが国の刑法は、日本国内（日本の領土・領海・領空）において罪を犯した全ての者に適用される（属地主義）。

⑦日本国外にある日本船舶または日本航空機内において罪を犯した者にも、わが国の刑法が適用される。

⑧渉外的な法律関係に適用される法として、国際私法のルールにより指定される法を準拠法という。

⑨一方または双方が外国人の婚姻の成立は、各当事者について、その本国法による。

⑩一方または双方が外国人の婚姻の効力は、夫婦の本国法が同一なら、それによる。本国法が同一でなく常居所地法（じょうきょしょちほう）が同一なら、その法による。常居所地法も同一でなければ、夫婦に最も密接な関係のある地の法による。

3 法実証主義と自然法思想

⑪法実証主義は、現に効力を持って存在しているものを法とするのに対して、自然法思想は、普遍的に正しく、永久不変の法である自然法を前提に実定法を基礎付ける。

学習日	月　日	月　日	月　日	月　日
正答数	／7	／7	／7	／7
解答時間	分	分	分	分

出た過去問！出る予想問！ 目標2分で答えよう

❑❑❑ 法律が発効するためには、公布がされていることと施行期日が到来していることの双方が要件となる。［H23-1-3］ ☞①答○

❑❑❑ 法律は、その法律または他の法令に定められた日から施行されるが、施行期日の定めがない場合には、公布の日から20日を経過した日から施行される。［H20-1-3］ ☞①②答○

❑❑❑ 法令の公布は、慣行として官報によることとされている。［H15-1-1］ ☞④答○

❑❑❑ 法律は、原則として遡及して適用することができない。［H13-2-オ］ ☞⑤答○

❑❑❑ わが国の法令は、原則としてわが国の領域内でのみ効力を有するが、わが国に属する船舶および航空機内では、外国の領域内や公海においても効力を有することがある。［H20-1-1］ ☞⑥⑦答○

❑❑❑ 渉外的な法律関係に適用される法として、国際私法のルールによって指定される法を「準拠法」という。［H30-2-オ］ ☞⑧答○

❑❑❑ ともに外国人である者が日本において婚姻する場合の婚姻の成立および効力については、日本の法律による。［H18-1-オ］ ☞⑨⑩答×

3 法律用語・法の解釈

必ず出る！基礎知識　目標5分で覚えよう

1 注意すべき法律用語

①「又は」と「若しくは」は、いずれも複数の語句を選択的に連結する接続詞である。

②選択的連結が重なる場合、最も大きな意味での選択的連結にのみ「又は」を用い、他の小さな意味での選択的連結に「若しくは」を用いる。

③「及び」と「並びに」は、いずれも複数の語句を併合的に連結する接続詞である。

④併合的連結が重なる場合、最も小さな意味での併合的連結にのみ「及び」を用い、他の大きな意味での併合的連結に「並びに」を用いる。

⑤「推定する」は、一応同一と推定するにすぎず、反証によって推定を覆すことができる。

⑥「みなす」は、反証を許さず、2つの事物を絶対的に同一視するものである。

⑦そのまま当てはめるのが「適用」であるのに対して、一定の修正を加えて当てはめるのが「準用」である。

2 法（条文）の解釈

⑧条文の文言の意味から論理的に導く解釈を文理解釈という。

⑨条文の文言の範囲内で、通常よりも広く解釈することを拡張解釈（拡大解釈）という。逆に、通常よりも狭く解釈することを縮小解釈という。

⑩反対解釈は、条文の文言に含まれない事項について、条文とは反対の結論を導こうとするものである。

⑪類推解釈は、本来、条文の文言に含まれない事項ではあるが、重要な点が似ているなどの理由から、条文と同じ効果を認めようというものである。

学習日	月　日	月　日	月　日	月　日
正答数	／4	／4	／4	／4
解答時間	分	分	分	分

出た過去問！出る予想問！ 目標2分で答えよう

❑❑❑ 「又は」と「若しくは」は、いずれも前後の語句を選択的に連結する接続語であり、選択される語句に段階がある場合には、一番大きな選択的連結にだけ「又は」を用い、他の小さな選択的連結には全て「若しくは」を用いる。［H26-2-2］ ☞①②答○

❑❑❑ 「A及びB並びにC」という法律の文言においては、「A」と「B並びにC」が大きな接続詞である「及び」で結ばれ、「B」と「C」が小さな接続詞である「並びに」で結ばれている。［H2-50-4］☞③④答×

❑❑❑ 拡張解釈とは、法令の規定の文字を、それが普通意味するところよりも、若干広げて解釈することである。類推解釈とは、似かよった事柄のうち、一方についてだけ規定があって、他方については、明文の規定がない場合に、その規定と同じ趣旨の規定が他方にもあるものと考えて解釈することである。［H11-47-イ］ ☞⑨⑪答○

❑❑❑ 甲の事件につき規定がなく、類似の乙の事件に関しては明文の規定がある場合、甲にも乙の規定を準用しようとするのは、「反対解釈」である。［H25-1-1］ ☞⑩⑪答×

基礎

法律用語・法の解釈

4 紛争解決

必ず出る！基礎知識　目標5分で覚えよう

1 訴訟による紛争解決

①法令適用の前提となる事実の存否を確定できない場合でも、裁判所は、裁判を拒否できない。

②地方裁判所や家庭裁判所の裁判は、原則として１人の裁判官によって行われる。ただし、事案の性質によっては、３人の裁判官の合議制で行われる場合もある。

③高等裁判所の裁判は、法律に特別の定めがある場合を除き、複数の裁判官による合議制で行われる。

④合議制により裁判が行われる場合、最高裁判所の裁判を除いて、少数意見を付すことはできない。

⑤法令等の憲法違反の判断や最高裁判所の判例を変更する判断をする場合には、最高裁判所は、大法廷で裁判しなければならない。

⑥下級審の判決に判例違反が認められる場合、最高裁判所は、申立てにより上告審として事件を受理できる。

⑦上告審の裁判は、法律審である。しかし、経験則に反する事実認定は、上告理由となる。

2 訴訟以外の紛争解決

⑧民事紛争を訴訟によらずに処理するため、簡易裁判所に和解を申し立てることができる。

⑨当事者の合意内容を記載した調書には、確定判決と同一の効力がある。

⑩裁判所の訴訟手続によらずに、民事上の紛争を解決しようとする当事者のために、公正な第三者が関与する手続を裁判外紛争解決手続（ADR）という。

学習日	月　日	月　日	月　日	月　日
正答数	／6	／6	／6	／6
解答時間	分	分	分	分

出た過去問！出る予想問！ 目標2分で答えよう

❑❑❑ 裁判所は、法令適用の前提となる事実の存否が確定できない場合であっても、裁判を拒否することはできない。[H17-1-ア] ☞①答○

❑❑❑ 裁判官が合議制により裁判を行う場合には、最高裁判所の裁判を除いて、裁判官の意見が一致しないときであっても、少数意見を付すことはできない。[H23-2-3] ☞④答○

❑❑❑ 最高裁判所は、大法廷または小法廷で審理を行うが、法令等の憲法違反の判断や最高裁判所の判例を変更する判断をするときは、大法廷で裁判しなければならない。[H19-1-5] ☞⑤答○

❑❑❑ 下級審が最高裁判所の判例に反する判決を下した場合、最高裁判所は申立てに対して上告審として事件を受理することができる。[H24-1-4] ☞⑥答○

❑❑❑ 上告審の裁判は、法律上の問題を審理する法律審であることから、上告審の裁判において事実認定が問題となることはない。[H17-1-オ] ☞⑦答×

❑❑❑ 契約上の紛争で訴訟開始前に簡易裁判所に和解の申立てを行い、話し合って合意した内容が調書に記載されると、その記載は確定判決と同じ効力を生ずる。[H15-2-3] ☞⑧⑨答○

基礎

紛争解決

5 刑事法

必ず出る！基礎知識 目標5分で覚えよう

1 罪刑法定主義

①罪刑法定主義は、「法律なくば刑罰なく、法律なくば犯罪なし」と定義される原則である。
②どのような行為が罪になり、それに対してどのような刑が科されるかは、国民の代表が制定した法律で、予め定めておかなければならない。
③罪刑法定主義から、慣習刑法は否定され、慣習や条理を刑法の直接の法源とすることはできない。
④類推解釈は、被告人に有利なものを除いて、禁止される。
⑤刑罰法規は、施行後の行為にのみ適用され、施行前の行為に遡って適用してはならない。

2 刑法

⑥外国人であっても、日本国内で罪を犯した場合には、日本の刑法が適用される。
⑦放火罪・窃盗罪などは、犯人が日本国民である限り、犯罪地の内外を問わず、日本の刑法が適用される。
⑧殺人罪や強盗罪などは、被害者が日本国民なら、外国人が外国で犯した場合でも、日本の刑法が適用される。
⑨窃盗罪が成立するためには、他人の財物の占有を奪う必要がある。情報は、財物に当たらないとされている。
⑩刑事訴訟では、事件の争点や証拠を整理するために、第１回公判期日前に公判前整理手続（こうはんぜんせいりてつづき）を行うことができる。
⑪自白は証拠の女王という法格言があるが、自白が被告人に不利益な唯一の証拠である場合は有罪とされない。

学習日	月　日	月　日	月　日	月　日
正答数	／5	／5	／5	／5
解答時間	分	分	分	分

出た過去問！出る予想問！ 目標2分で答えよう

❑❑❑ 犯罪と刑罰の内容は、予め法律に規定されたものでなければならないから、慣習法は、刑法の直接の法源とはなり得ない。[H16-1-ア] ☞②③答○

❑❑❑ 法律または条例に規定された罰則が、施行期日前の事実につき行為者に不利に適用されることはない。[H15-1-5] ☞⑤答○

❑❑❑ 外国人が日本国外において犯罪を行った場合には、日本の刑法が適用されることはない。[H18-1-イ] ☞⑦⑧答×

❑❑❑ 刑法における窃盗罪が成立するためには、財物の占有が奪われることが必要であり、情報が記録されている媒体を持ちさることなく情報だけを違法に収得しても、財物の占有が奪われることはないから、窃盗罪は成立しない。[H17-2-2] ☞⑨答○

❑❑❑ 民事訴訟及び刑事訴訟のいずれにおいても、審理が開始される前に事件の争点及び証拠等の整理を集中して行う公判前整理手続の制度が導入された。[H25-2-ウ] ☞⑩答×

●著者紹介●
植松　和宏（うえまつ・かずひろ）
1969年12月29日生まれ、静岡県出身。
特定行政書士、流通経済大学非常勤講師。
法政大学を卒業後、2001年から行政書士登録と同時に、LEC東京リーガルマインド専任講師として、行政書士講座や公務員講座の全国配信講義や中心校講義を担当。専門用語をかみ砕いたわかりやすい講義と面倒見の良さには定評があり、多くの受講生に慕われている。
行政書士会では法教育推進特別委員や支部の理事を務めながら、新たにドローンパイロットとして空撮にも取り組むなど、幅広く活動中。趣味は、合気道の稽古と大型バイクでのツーリング。

企画原案　水　田　嘉　美
装　　丁　やぶはな あきお

ケータイ行政書士 2021　学習初日から試験当日まで

2021年2月21日　第1刷発行

著　者　植　松　和　宏
発行者　株式会社　三　省　堂
　　　　代表者　瀧本多加志
印刷者　三省堂印刷株式会社
発行所　株式会社　三　省　堂
〒101-8371　東京都千代田区神田三崎町二丁目22番14号
電　話　編集　(03) 3230-9411
　　　　営業　(03) 3230-9412
https://www.sanseido.co.jp/
<21 ケータイ行政書士・256pp.>

ISBN978-4-385-32491-3